Kant et la révolution

Collection « Ouverture philosophique »
Série « Bibliothèque »
dirigée par
Dominique Chateau, Jean-Marc Lachaud et Bruno Péquignot

Une collection d'ouvrages qui se propose d'accueillir des travaux originaux sans exclusive d'écoles ou de thématiques.

Il s'agit de favoriser la confrontation de recherches et des réflexions, qu'elles soient le fait de philosophes « professionnels » ou non. On n'y confondra donc pas la philosophie avec une discipline académique ; elle est réputée être le fait de tous ceux qu'habite la passion de penser, qu'ils soient professeurs de philosophie, spécialistes des sciences humaines, sociales ou naturelles, ou… polisseurs de verres de lunettes astronomiques.

La série « Bibliothèque » comporte des ouvrages qui inaugurent ou complètent la connaissance des philosophes en explorant leur problématique, leur argumentation et leur héritage.

Dernières parutions

Arno MÜNSTER (en collaboration avec Fabio Mascaro Querido), *Le marxisme « ouvert » et écologique de Michael Löwy. Hommage à un intellectuel « nomade »*, 2019.
Paul DUBOUCHET, *Girard et Tresmontant, balayeurs et constructeurs. Pour le monothéisme*, 2019.
Pascal GAUDET, *Le projet démocratique. Recherche kantienne*, 2018.

Roland LLINARES

KANT ET LA REVOLUTION

Légalité et droit de révolution dans la philosophie de Kant

L'Harmattan

Du même auteur :
Le sens de l'Histoire, Presses Universitaires du Septentrion, 1999.
Phantasia. Essai psychosophique souriant pour introduire à une poésie de la phantasia, Les Éditions du Net, 2014.
Du Droit de guerre au Droit d'ingérence. De la Conquista à l'époque contemporaine, Les Éditions du Net, 2015.

5-7, rue de l'École-Polytechnique ; 75005 Paris

http://www.editions-harmattan.fr

ISBN : 978-2-343-17218-7

EAN : 9782343172187

À la mémoire de mes frères, Yvon et Jean-Charles.

INTRODUCTION

1 - Petite introduction

La révolution dont il sera fait état dans *Kant et la révolution* n'est pas celle qu'il a opérée dans la *Critique de la Raison pure,* la Révolution copernicienne, mais celle qui se produit dans l'histoire de l'humanité, à certaines époques, pas toujours prévisible et qui entraîne des conséquences sociales, économiques, politiques, culturelles profondes. Non que la première n'ait pas entraîné des changements radicaux — le terme de révolution suffit à le dire —, mais alors qu'elle s'exerce dans le domaine de la science et de la philosophie, la seconde bouleverse le devenir historique de certains peuples. Or, nous savons ou croyons savoir que si Kant était révolutionnaire sur le plan philosophique, il l'était beaucoup moins quant à sa conception de l'histoire. Son intérêt manifeste pour la révolution française de 1789, sa sympathie relative même pour certains actes révolutionnaires qui semble s'essouffler rapidement, son admiration reconnue pour Rousseau ne signifient pas qu'il accorde à cette révolution toute sa faveur. Bien au contraire, de même qu'il s'oppose à toute guerre, il condamne a fortiori tout type de révolution. Pourtant, la révolution qu'il a accomplie scientifiquement ne pouvait pas avoir de répercussion sur sa conception de l'histoire humaine. Il se pourrait bien qu'une relecture attentive de ses ouvrages nous conduisît à remettre en question la perception que nous avons habituellement de l'auteur, celle d'un réformateur tranquille, voire d'un progressiste, dans le meilleur des cas, mais ô combien modéré, prudent, soucieux de ne pas heurter la monarchie prussienne de son temps.

Les XVIIe et XVIIIe siècles furent marqués par plusieurs révolutions dont trois grandes : la révolution anglaise de 1644 dirigée par Cromwell, la révolution américaine de

1775- 1783 et la révolution française de 1789-1793. Toutes trois sont à différencier des mouvements de résistance qui éclatèrent çà et là en Europe et en Amérique. Telle est la victorieuse résistance écossaise de 1637-1638 à la volonté dominatrice de l'église anglicane d'Angleterre. Tel est le soulèvement (réprimé) des patriotes polonais de 1794, conduits par Kosciuszko contre l'agression des Russes et des Prussiens qui se livrèrent à un second partage de la Pologne ; telle est la riposte sanglante à Lexington le 19 Avril 1775 des miliciens colons américains aux Anglais décidés à faire respecter les « lois intolérables » de George III. On peut citer aussi les mouvements révolutionnaires à Genève (1766-68 et surtout 1782), en Belgique (1786-1791), en Italie (1796-1799), à Haïti (1791-1802,1804), en Irlande (1796-1798), sans oublier ce qu'on peut même appeler les révolutions des Provinces-Unies (1780-1787) surtout celle qui conduisit, avec l'aide de la France, à la République batave (1795-1805), etc.

Ce qui caractérise ces trois grandes révolutions, c'est leur succès particulier qui se traduit par le renversement violent de la légalité, le remplacement d'un régime périmé par un régime neuf, leur innovation et leur influence sur les États voisins. Ainsi, en Angleterre, en Amérique et en France, la royauté cède le pas à une monarchie parlementaire en Angleterre, à une république fédérative en Amérique, à une république parlementaire en France. En outre et surtout, du point de vue philosophique, le trait essentiel commun à ces révolutions est le droit spécifique dont elles se réclament pour légitimer le renversement du droit établi. Charles 1er, monarque absolu, est condamné à mort pour avoir violé les droits traditionnels du peuple et de ses représentants. Il est exécuté en 1649 au nom de la justice comme un « tyran, traître, meurtrier et ennemi du pays ». La Déclaration d'Indépendance des États-Unis affirme que c'est au nom du droit et du devoir que le peuple a secoué le joug du despotisme absolu de la Grande-Bretagne. La Déclaration française de 1793, plus que celle de 1789 qui reconnaissait déjà dans son article 2 le droit de résistance à l'oppression, proclame à l'article 35, le droit à l'insurrection qu'elle estime « le plus sacré des droits et le plus indispensable des devoirs (...) quand le gouvernement viole les droits du peuple ».

C'est donc en se fondant sur le droit de révolution qu'aux XVIIe et XVIIIe siècles, trois peuples renversèrent la légalité instituée par un régime d'oppression pour lui substituer une légalité révolutionnaire exprimant la volonté générale. Kant et ses contemporains ne l'ignorèrent pas. Ils virent dans ces bouleversements sociaux un problème fondamental qui devait les diviser. On eut comme chaque fois qu'il se produit un événement de cette importance les partisans de la révolution et ses adversaires, c'est-à-dire, chez les théoriciens du droit en particulier, ceux qui reconnaissent et ceux qui rejettent le droit pour le peuple de s'insurger. On remarquera la haute importance de la réponse des philosophes à cette question, car elle renseigne sur tout le système philosophique puisqu'elle ne peut s'expliquer que par lui. Nous nous croirions alors autorisés à partir d'une réponse réactionnaire ou révolutionnaire d'un philosophe au problème du droit de révolution à qualifier tout le système de réactionnaire ou de révolutionnaire, ou tout au moins de progressiste. Seulement, cette appréciation ne peut valoir que si, bien entendu, la réponse de l'auteur est clairement lisible. Or, c'est précisément dans la lecture de cette réponse que réside toute la difficulté.

Dans le cas de la pensée kantienne qui nous occupe, les textes peuvent ne pas manquer où l'auteur répudie le droit de révolution comme un « crime immortel »[1]. Pourtant, il est possible également que la prise en considération de l'ensemble du système et plus particulièrement de sa philosophie de l'histoire laisse perplexe celui qui dans un premier temps s'est trouvé habilité à classer Kant dans le camp des conservateurs et vienne corriger son jugement.

Ces réflexions nous invitent à traiter la question du droit de révolution dans son rapport à la légalité, non pas de front mais de biais, pourrait-on dire. Que faut-il d'abord entendre par légalité ? Devons-nous nous limiter à la légalité instituée par tel gouvernement ou bien étendre ce concept à d'autres sphères que celle de la politique, à savoir principalement la sphère de l'anthropologique et celle de la moralité ? Plus précisément, la question du droit de révolution se pose-t-elle de la même façon, d'une part, relativement à la légalité de la nature et d'autre part, dans sa relation à la légalité de la raison pratique ?

Nous exposerons pour commencer le projet kantien tel que le définissent ses trois composantes, anthropologique, morale et juridique. Et c'est presque incidemment que nous verrons où et comment se situe la question du droit de révolution, eu égard au projet ainsi défini. Cette manière de poser le problème correspond bien d'ailleurs à la manière dont Kant lui-même le pose. En effet, il ne consacre pas d'ouvrage spécial au droit de révolution. C'est toujours occasionnellement que la question surgit et elle se

---

[1] KANT (1796-1797), § 49. Par ailleurs, dans LLINARES (2015), p. 84, nous avons montré que fonder le droit de guerre est une chose impossible pour Kant. *A fortiori*, le droit de révolution qui, contrairement au précédent repose sur une légalité non instituée et, comme le précédent, est un retour à l'état de nature, non à un état de nature des États, puisque la révolution est la négation de l'État existant, mais pire encore, un état de nature anarchique, au sens étymologique du terme, dans le mouvement qui l'anime. Sur les références bibliographiques, voir la bibliographie en fin de volume.

présente presque comme une anomalie ou comme un défaut dans le joyau de l'œuvre.

2 - Grande introduction : le projet de Kant

L'intention première de Kant est, avec l'établissement d'une formule nouvelle de la moralité, la constitution du règne de la nature en règne de la liberté. Mais l'expression pure de la moralité et la détermination éthique de la nature (ou moralisation) semblent contradictoires et ne pouvoir en conséquence coexister dans un projet unique. En effet, il s'agit bien, d'une part, de séparer la morale de la nature pour parvenir aux concepts de bonne volonté et de la loi morale qui ne doivent rien au sensible empirique et, en particulier, à l'anthropologique. D'autre part, il faut malgré tout que cette morale, au sujet de laquelle Kant vient d'expliquer qu'elle doit en son fondement être pure de tout caractère empirique, ne demeure pas dans ce seul caractère de pureté conceptuelle qui ne convient qu'à la source intérieure de la moralité et non pas à sa réalisation (ou son effectuation) dans la nature. Or, le concept de nature présente en gros deux sens : s'il s'agit de la nature humaine, il est nécessaire que la morale soit celle de cette nature humaine et qu'elle se prête à cette humanité même du sujet. S'il s'agit de la nature humaine considérée comme sociable, la morale doit informer les relations avec autrui et, aux devoirs envers soi-même, doivent s'ajouter les devoirs envers autrui. Le domaine du droit qui définit le rapport des libertés doit être à son tour moralisé. Enfin, la politique et la religion comportent certaines formes de relations envers les semblables et envers Dieu, formes de relations qui ne peuvent pas ne pas faire l'objet de jugements moraux. Bien plus, la morale doit imprimer sa marque dans l'univers juridique et politique. L'idéal serait pour l'éthique de parvenir à la conquête totale du juridique et du politique par la constitution d'une politique morale et d'une juridiction également morale. La religion trouve aussi sa finalité dans l'éthique. C'est en supposant cette finalité naturelle éthique du juridique, du politique et du religieux (finalité qui sert de concept régulateur) que Kant rend possible la moralisation du juridique, du politique et du religieux, c'est-à-dire de la nature humaine considérée dans toute sa réalité.

Seulement, si la finalité éthique de la nature humaine (considérée aussi comme liberté) est condition théorique d'une finalisation des trois univers envisagés, il apparaît difficile de concilier cette finalité naturelle avec la séparation nécessaire du principe moral et du principe naturel (anthropologique). Si l'idée théorique de finalité naturelle est aussi une idée pratique, c'est-à-dire un projet réalisable, c'est qu'elle répond à la nature même de l'homme. Comment une morale peut-elle dans sa fin, convenir à l'homme alors que dans son principe, elle est étrangère à toute influence anthropologique ? Quel heureux hasard préside à l'accord (même supposé) de la nature et de la liberté, alors que la liberté est posée nécessairement autre que la nature dans son principe même ? Si l'accord de la morale et de la nature est supposé, ou est simplement envisagé comme possible, cette seule hypothèse de la possibilité de l'accord suppose à son tour une hypothèse sur la « nature des choses ». En son fond, la nature serait capable de moralité. La morale kantienne supposerait une ontologie préalable, une définition de la nature comme telle. Renvoyer à la contingence ou à l'expérience ne signifierait rien, pas plus en ce qui concerne cet accord de la morale et de la nature qu'en ce qui concerne l'accord des catégories de l'entendement et des phénomènes dans la *Critique de la raison pure*. L'hypothèse inverse, c'est-à-dire de la contingence, de l'accord pris comme fait rendrait possible, du moins théoriquement, l'absurde. Il en est de même de l'accord de la beauté avec la nature, comme système, dans la *Critique de la faculté de juger*. D'une manière générale, l'explication par les faits n'est pas une explication. Bien au contraire, ce sont les faits qui doivent être expliqués. Notons que cette idée sera maintenue d'un bout à l'autre de l'œuvre de Kant, notamment dans l'opuscule de 1793, *Sur le lieu commun : cela est bon en théorie, mais en pratique ne vaut rien,* dans lequel l'auteur répond à Rehberg[2] qui venait de publier ses *Recherches sur la Révolution française.* Or, l'explication des faits exige la constitution d'une ontologie. Si l'on se réfère à l'*Opus postumum*, on apprend que « la philosophie transcendantale va de l'élément formel de la connaissance à l'élément matériel, c'est-à-dire à la possibilité de l'expérience ». Mais le problème du passage d'un élément à l'autre n'est point résolu ou, si l'on préfère, la signification réelle du mot « transcendantal » n'est pas donnée ; Kant doit rendre raison de la possibilité du transcendantal comme de sa réalité même. En ce qui concerne l'éthique, le passage de la morale à la nature, c'est-à-dire de l'éthique à l'anthropologique fait difficulté. Kant essaie de situer l'accord au niveau de l'anthropologique, mais il rend empirique la morale, danger que n'évite pas une doctrine de la vertu ; au niveau du droit, mais il faut au préalable moraliser le droit et la spécificité du domaine juridique ne fait que compliquer le problème ; au niveau du politique considéré comme spécification du juridique, mais il faut pour cela moraliser également la politique ; au niveau de la religion, dans les limites de la simple raison. L'accord de l'éthique et de l'anthropologique ne peut être qu'un accord final et non principal, (il n'est que postulé).

---

[2] REHBERG (1793), I, p. 13 sqq.

Mais si la synthèse est postulée, c'est que Kant suppose également une ontologie préalable. Le transcendantal (ou essai de retour à la nature tenté aux niveaux éthique, juridico-politique et religieux) dépasse définitivement l'empirique lorsqu'il atteint l'être, ici, la nature considérée comme être. Lorsque la *natura materialiter spectata* et la *natura formaliter spectata* ou la nature comme forme et la nature comme matière seront identifiées au niveau de la *Critique de la raison pure*, elles le seront au niveau de la *Critique de la raison pratique*.

L'être et le devoir-être ne forment qu'une seule réalité, l'être comme nature et la loi morale également. Au niveau de la *Critique de la faculté de juger esthétique*, la finalité formelle du concept qui définit le beau est aussi une finalité matérielle. Lorsque la moralité est la nature considérée dans son contenu comme morale et non plus simplement dans sa forme législatrice, identification que certains textes de Kant autorisent[3], on peut tenter de retrouver cet accord simplement ontologique, c'est-à-dire sur le plan pratique, simplement encore comme idée, aux niveaux juridique et politique en particulier. Mais Kant ne parvient pas à fonder cet accord sur le plan du droit (soit privé soit public, sous ses trois aspects : droit civil, droit international et droit cosmopolitique). Les fins de la liberté et les fins de la nature ne se rencontrent dans le champ juridique – pas plus qu'elles ne se rencontrent dans les champs politique ou religieux. Nous sommes sans cesse renvoyés d'un domaine à l'autre, jusqu'à l'instant où nous comprenons la nécessité de ces reprises différentes à des plans différents: la solution de ces renvois successifs est dans la notion de

---

[3] KIRCHMANN (1873), S 319 : « On dit en médecine que le médecin est le serviteur de la nature ; il en est de même en morale. Écartez simplement le mal extérieur ; la nature prendra la bonne direction. Si le médecin jugeait la nature mauvaise en soi, comment donc parviendrait-il à l'améliorer ? De même le moraliste. »

renvoi même, c'est-à-dire dans la notion d'histoire. Cela signifie que la solution se trouve à l'infini, à l'horizon de l'histoire (pour éviter le terme de fin de l'histoire, au sens d'achèvement), aussi bien à l'horizon de l'histoire de l'espèce humaine que de l'homme individuel. La finalité objective et la finalité subjective finissent par confondre leurs fins respectives. Disons plus exactement : les fins naturelles et culturelles d'une part et la fin morale se confondent à l'horizon de l'histoire universelle. La synthèse de ces trois sortes de fins reste partielle au plan juridique.

C'est en fonction de la double perspective fondamentale de Kant, à savoir d'une part la fondation d'une morale préservée de tout caractère empirique, d'autre part la réalisation de cette morale dans la nature humaine que nous devons examiner le problème de la légalité et du droit de révolution.

En effet, le terme même de légalité, à la lumière de cette double perspective, se charge de plusieurs sens et, de ce fait, nous enjoint de ne pas situer d'emblée et exclusivement le problème au plan du droit pratiqué par telle institution sociale. Il s'agit bien plutôt d'envisager le droit de révolution en tenant compte de la légalité de la nature humaine en général et plus particulièrement, de la nature humaine sous ses deux aspects principaux, l'aspect de l'individu en tant que sujet anthropologique (membre toutefois d'une société de sujets également considérés du point de vue anthropologique) et celui de l'individu en tant que sujet moral (membre pourtant d'une communauté juridique).

La légalité qui se rapporte au sujet anthropologique, nous l'appellerons légalité de la nature pour la distinguer de la légalité naturelle, propre à la raison dans l'histoire. Par légalité juridique enfin, il faudra entendre l'ensemble des lois qui président à l'articulation des deux types de lois précédents, non seulement dans une société mais aussi à l'échelle d'une totalité planétaire d'États juridiques. Nous traiterons donc du droit de révolution dans sa relation aux trois types de légalité ainsi déterminée.

Justifions à présent d'une manière plus rigoureuse et détaillée cette tripartition de la légalité. Nous verrons ultérieurement comment le problème du droit de révolution se rattache aux trois types de légalité.

2 - 1 La loi anthropologique ou loi de la nature[4]

En dehors des lois de la physique générale d'une part et de l'autre, de la psychologie – qui n'est qu'une physique de l'âme – lois de l'attention pour cette dernière ou lois de l'imagination qui concernent le moi comme phénomène du sens interne, nous avons à considérer les lois du sujet anthropologique, non en tant que simple moi phénoménal, mais comme sujet inclus dans une communauté d'autres sujets anthropologiques.

La question qui se pose ici est donc la suivante : « l'homme est-il un animal social ou un animal solitaire que le voisinage effarouche[5] ? » Ce qui revient à se demander quelle est la loi anthropologique – non la loi physique ou à proprement parler scientifique – qui constitue la nature de l'homme et commande ses rapports avec ses semblables.

Dans l'*Anthropologie*, Kant répond que l'homme est par nature un animal solitaire et qu'il est livré, dans la « rusticité » de sa nature, à la brutalité d'une force animale. Cette dernière peut être considérée comme un véritable principe réel positif qui détermine l'opposition entre les hommes et entraîne chez eux la discorde. C'est ce

---

[4] Sur les deux sens de l'expression « nature humaine » et sur les deux types d'anthropologie qui s'y rapportent, voir *infra*, 2ème partie, remarques préliminaires.

[5] KANT (1798[a]) p. 162.

même principe qui pousse l'homme à maintenir sa race comme race animale. Dans ce cas, il s'appelle instinct sexuel et consiste dans l'impulsion à la reproduction vers la quinzième année. Mais là encore, il est source de discorde puisqu'il s'oppose à la communauté des hommes, c'est-à-dire la société qui fait différer l'âge de la reproduction à l'âge de la majorité. Dans sa partie animale, l'homme obéit donc à un principe réel positif d'opposition à ses semblables.

En tant qu'animal raisonnable, il vise deux buts positifs également : sa propre conservation et celle de son espèce tout d'abord ; ensuite, la constitution d'une société familiale au moyen d'une pratique, un enseignement et une éducation. Le premier principe entraîne l'homme à l'isolement, le second à la vie communautaire. Le premier principe se rattache à la partie animale, le second à la partie raisonnable de l'homme. L'un commande la discorde, l'autre la concorde.

Ces deux principes réels et positifs sont incompatibles et se suppriment dans leurs conséquences. Ils participent ainsi à la définition de l'opposition réelle. En effet, l'opposition réelle ou incompatibilité réelle « ne se produit qu'en tant que, étant donné deux choses comme principes positifs, l'une détruit les conséquences de l'autre[6] ».

L'opposition réelle peut être appelée une loi[7] bien que dans un sens impropre puisqu'elle est expérimentale et que les deux principes qui s'y rattachent sont a posteriori, non a priori. La loi interne à la nature humaine anthropologique ne peut donc faire l'objet que d'un savoir, non d'une science, au sens transcendantal du terme, parce que la connaissance qu'elle autorise n'entraîne pas une certi-

---

[6] KANT (1763).

[7] Sur cette loi, voir les conclusions des première et deuxième parties, remarques préliminaires, ainsi que les pages suivantes.

tude apodictique mais tout au plus une certitude empirique.

La mise en évidence de la loi de la nature humaine explique d'une part la discorde entre les hommes, les guerres de clans et de tribus dans l'histoire la plus reculée de l'humanité, d'autre part la tentative pour ces mêmes hommes de mettre un terme à ces guerres par la constitution d'une société organisée selon le droit naturel. Nous verrons par la suite en quels termes se pose le problème de la révolution dans sa relation à la légalité de la nature humaine – si toutefois nous sommes légitimés à parler de révolution à ce niveau de la légalité.

2 - 2 La loi morale

Elle est conçue, en ce qui concerne l'universalité, sur le mode de la loi de la nature (physique). Seul le fait de la représentation de la loi forme la différence : toute chose dans la nature agit d'après des lois. Non que les lois soient inscrites dans la nature, elles sont plutôt des principes théoriques objectifs que nous nous représentons pour comprendre les relations entre les phénomènes naturels. Sur le plan pratique, il n'y a qu'un être raisonnable qui ait la faculté d'agir d'après la représentation des lois, autrement dit qui ait une volonté. Cet être, c'est l'homme. La représentation de la loi morale n'est pas du tout d'ordre empirique. Le sujet de la loi morale, qui se représente la loi et la veut, n'est pas du tout le moi empirique, c'est-à-dire anthropologique. Les principes rationnels déterminent la volonté qui est toujours bonne, mais lorsqu'ils déterminent le désir, il en va autrement de nos représentations et de nos actions. La loi morale, dans sa représentation comme dans son exercice est en relation avec la raison pure, la volonté, synonyme de liberté. Liberté (de la volonté) et loi morale sont dans un rapport d'implication réciproque, le désir (empirique) est exclu de cette relation. Une note importante de la *Critique de la raison pratique* fixe dans une expression latine ce rapport d'implication réciproque : « la liberté est (…) la *ratio essendi* [raison d'être] de la loi morale, (…) la loi morale est la *ratio cognoscendi* [la raison à quoi l'on reconnaît] de la liberté[8] ». Quant au désir, appelé encore « faculté de désirer », il a ses propres lois, ses propres représentations, en liaison avec le plaisir ou le déplaisir, sentiments d'ordre psychologique, mais il n'entre absolument pas en ligne de compte quand il s'agit de la loi morale. Le désir peut être (il peut ne pas l'être) pathologiquement déterminé, pas la volonté. Il ne l'est pas s'il se range sous la force de la volonté. C'est alors que Kant parle de la volonté comme d'une « faculté supérieure de désirer[9] ». Mais pour éviter de confondre la volonté avec le désir, mieux vaut éviter cette expression et montrer le rapport immédiat, direct entre la raison et la volonté, rapport qui n'existe pas comme tel entre la raison et le désir : « La raison, dans une loi pratique, détermine la volonté immédiatement et non par l'intermédiaire d'un sentiment de plaisir ou de déplaisir venant s'interposer entre les deux[10] ». Et l'auteur d'ajouter une remarque importante quant à cette raison rendue pratique par la représentation de la loi morale : « c'est seulement parce qu'elle peut être pratique comme raison pure, qu'il lui est possible d'être législative[11] ». Nous entrevoyons déjà dans cette observation le rapport de détermination du droit par la morale.

Concernant le concept pourtant très important de « représentation de la loi », il manque à notre avis une définition. La représentation de la loi n'est pas nécessairement

---

[8] KANT (1788) p. 2, note 2 de la préface.
[9] *Ibid.* p. 23.
[10] *Ibid.* p. 24.
[11] *Ibid.*, p. 24.

celle de la loi morale, puisqu'il existe une volonté simplement technique. Kant distingue trois sortes de représentations d'objets, des représentations de l'entendement, de la raison en opposition aux représentations des sens. Le désir et le plaisir font partie de ces dernières[12]. La représentation de la loi morale est-elle une représentation intellectuelle, dont la source serait la raison pratique ? Quelle différence existe-t-il entre la loi et la représentation de la loi ? Nous venons de voir précédemment que la raison pure est immédiatement législative et l' « on peut appeler la conscience de la loi fondamentale un fait (*factum*) de la raison[13] ». En fin de compte, Kant identifie les concepts de « représentation de la loi », « raison pratique » et « volonté ». Il découvre que la raison pure est aussi par elle-même pratique. Il sépare bien deux sortes de faits, les faits empiriques (ou phénomènes) et le fait de la raison. La raison pure pratique produit la loi morale objective et elle prend conscience de cette loi. La conscience de la loi et la loi comme conscience sont identiques. La raison pratique atteint l'être, c'est-à-dire une nature suprasensible : « La loi morale est en fait une loi de la causalité par liberté (*durch Freiheit*) partant une loi de la possibilité d'une nature suprasensible, de même que la loi métaphysique des événements dans le monde sensible était une loi de la causalité de la nature sensible[14] ». Et si la loi morale joue le rôle de l'être qui atteint la raison, c'est parce que d'abord l'intelligible est radicalement séparé du sensible, ou la nature suprasensible (nouménale) de la nature sensible (comme totalité des phénomènes).

Dans le cas de la liberté comme dans celui de la nature, la loi se rapporte à un objet. L'objet est donné dans l'expérience, ou doit se réaliser par la liberté. Mais la dif-

---

[12] KANT (1788) p. 6-7.
[13] *Ibid.* p. 31.
[14] *Ibid.* p. 47-48.

férence qui existe entre les « catégories de la liberté » et les « catégories de la nature »[15] consiste en ceci que les catégories de la nature « ne sont que des formes de la pensée qui désignent, seulement par des concepts généraux, des objets en général », alors que les catégories de la liberté déterminent le libre-arbitre[16] et « ont pour fondement la forme d'une volonté pure » (souligné dans le texte). Il faut remarquer malgré tout l'existence d'objets de la raison pure pratique : « les seuls objets d'une raison pratique sont (…) le Bien (*Guten*) et le Mal (*Bösen*)[17]. Certes, les concepts de bien et de mal ne sont nullement déterminés avant la loi morale, mais seulement après cette loi et par elle : l'objet du vouloir ne saurait être matière et fondement d'une loi, mais simplement issu de « préceptes pratiques raisonnables » : le bien est alors *wohl* et non *gute*, c'est-à-

---

[15] *Ibid.* p. 67.

[16] François Picavet traduit *freien Willkühr* par libre-arbitre, alors que Alain Renaut dans KANT (1790[b]), à la note 5, p. 488 voit dans cette traduction une faute qui induit « d'indubitables contresens » et préfère traduire cette expression par « volonté » car dit-il, « quand la volonté est déterminée par des impulsions sensibles, c'est-à-dire, dans le langage de Kant, *pathologiquement,* l'arbitre est nommé *arbitrium brutum* ». Seulement, il nous semble que dans le criticisme, lorsque la « volonté est déterminée par des impulsions sensibles », il ne s'agit plus de la volonté mais du désir. Cette confusion entre désir et volonté est d'ailleurs signalée par Picavet chez J. Barni, dans sa traduction de la *Critique de la raison pratique*, note 2, p. 19 [KANT (1788)]. Voir en outre, à ce sujet, notre développement sur le désir et la volonté dans : LLINARES (2014) p. 54-73. En somme, la traduction de *freien Willkühr* par libre-arbitre, selon François Picavet et Ferdinand Alquié, nous convient entièrement car elle implique une différence fondamentale entre le libre choix (ou libre-arbitre) qui peut être déterminé en tant que désir, empiriquement et la volonté qui n'obéit qu'à des principes purs, *a priori*. Cela ne veut pas dire que le désir ne peut qu'être soumis à des déterminations d'ordre empirique. Ambivalent par essence, le désir peut aussi, comme le libre-arbitre, se soumettre à la volonté et dans ce cas où le désir et la volonté ne font plus qu'un, se porter vers des objets de qualité et des actions moralement irréprochables.

[17] KANT (1788) p. 59.

dire un concept empirique d'un objet de la sensation. Cependant, dans la mesure même où les actions relèvent d'une loi de liberté et non d'une loi de la nature, « les déterminations d'une raison pratique ne [pourront] avoir lieu que par rapport aux phénomènes[18] ». En morale, l'objet n'est autre que la détermination éthique du vouloir.

La réalité objective en science et en morale du concept de causalité est établie relativement aux objets d'expérience possible. Or le concept de causalité et le concept de liberté peuvent tout à fait s'accorder. La causalité n'est alors pas déterminée par des lois naturelles ; elle tire sa réalité objective de son usage pratique. L'être qui a une volonté libre est *causa noumenon.* Mais le caractère causal de la volonté apparaît dans les phénomènes. Tout acte est ainsi libre dans son principe et déterminé dans ses effets. Il ne s'agit nullement d'identifier la liberté et le concept de causalité intérieure, la liberté psychologique comme enchaînement intérieur des représentations de l'âme n'étant qu'un misérable subterfuge de la causalité naturelle. La liberté n'est pas une causalité psychologique intérieure. Le moi psychologique fait partie de la série des phénomènes. Et il faut parvenir au concept de la liberté transcendantale.

Or, il s'agit pourtant de séparer radicalement le principe de liberté et le principe de déterminisme (ou les deux sens du terme de causalité), la loi morale et les règles pratiques[19] des lois de la nature. Pour parvenir à la pure dé-

---

[18] *Ibid.*, p. 67.

[19] La table des catégories de la liberté par rapport aux concepts du bien et du mal expose, selon la qualité, trois sortes de règles pratiques : règles pratiques d'action (*præceptivæ*) ; règles pratiques d'omission (*prohibitivæ*) ; règles pratiques d'exception (*exceptivæ*), *Ibid.*, chapitre II, p. 69. Ces trois sortes de règles pratiques ne sont que l'expression éthique des trois sortes de lois juridiques, cf. *infra*, n°3, La légalité juridique.

termination de la liberté comme cause et de la causalité comme libre, il fallait :
1) aller au-delà de la simple possibilité théorique de la liberté ; la liberté est alors cause, c'est-à-dire la volonté ;
2) séparer radicalement la nouvelle sorte de cause ainsi trouvée de la cause phénoménalement représentable, autrement dit, aller également au-delà de l'idée scientifique de la cause. Cette séparation de la cause comme vouloir et de la cause comme phénomène s'accompagne d'une séparation du concept de la nature comme sensible et du concept de la nature comme suprasensible, la nature sensible étant l'existence des êtres raisonnables sous des lois empiriques (lois des phénomènes déterminées scientifiquement) et la nature suprasensible, l'existence de ces mêmes êtres sous des lois indépendantes de toute condition empirique. La condition empirique fait donc le partage entre la loi morale et la loi de la nature (physique, en tant que anthropologique).

La loi morale est représentée et objective ; la loi de la nature n'est pas représentée. La loi morale ne dépend d'aucune condition empirique. La nature suprasensible est « soumise à l'autorité de la raison pure pratique ». La loi morale est la loi fondamentale d'une nature suprasensible ou du monde intelligible, archétype du monde sensible (ou nature ectype). C'est par la loi morale et relativement à elle qu'il existe un règne des fins. Mais si « la téléologie considère la nature comme un règne des fins, la morale considère un règne possible des fins comme un règne de la nature[20] ». Il n'y a de fin que par la loi, c'est-à-dire par la forme de la nature[21]. Il faut en effet distinguer la nature formellement envisagée (selon des lois) et la nature matériellement envisagée (la matière de l'intuition sensible).

[20] KANT (1785[a]).

[21] KANT (1781) p. 476 : « L'unité formelle suprême qui repose exclusivement sur des concepts rationnels est l'unité finale des choses ».

Le concept de finalité qui ne figure pas cependant dans le tableau des catégories de l'entendement est utilisé deux fois : d'abord comme principe régulateur, dans la *Critique de la raison pure* qui « nous [fait] lier les choses du monde relevant des lois téléologiques et nous - mêmes, par là, à la plus grande unité systématique du monde[22] »; ensuite, comme une sorte de principe constitutif, « on peut définir l'éthique le système des fins de la raison pure pratique[23] ». La loi morale est donc une loi téléologique et le système des fins de l'éthique est analogue au système des fins de la nature (physique). La loi morale est conçue sur le modèle des lois universelles de la nature, c'est-à-dire de la nature considérée formellement. Ce qui fait la moralité d'une action, c'est la possibilité pour la loi de cette action d'être universalisée selon le modèle des lois universelles de la nature. La nature qui rend possible la volonté suivant des lois pures pratiques est la nature suprasensible, « sous l'autonomie de la raison pure pratique[24] ». La volonté semble édifier un ordre naturel et c'est la liberté qui rend précisément possible une nature suprasensible dont la réalité n'est objective qu'au point de vue pratique. Cette nature suprasensible est analogue à la nature sensible et elle ne supprime pas du tout le mécanisme qui est le principe de la nature ectype. La volonté agit « comme si » un ordre naturel devait être construit. Il ne s'agit pas de l'ordre de l'ensemble naturel suivant des lois pathologiques (physiques et psychologiques), ensemble d'inclinations naturelles : la volonté ne se détermine pas par elle-même comme bonne dans un tel ensemble d'inclinations. Il faut la « conscience d'une loi à laquelle sont soumises toutes nos maximes », c'est-à-dire la conscience de la loi comme « idée d'une nature suprasensible ». Mais la nature supra-

---

22 *Ibid.*

23 KANT (1797[a]) p. 220.

24 KANT (1788) p. 43.

sensible est posée relativement à l'universalité de la loi. « L'universalité de la loi constitue ce qu'on appelle proprement nature dans le sens le plus général (quant à la forme) [25] ». La nature est « l'existence des objets en tant qu'elle est déterminée par des lois ». La loi morale peut être dite loi de la nature prise dans sa forme. La loi morale et la loi naturelle sont identiques dans leur forme. La loi morale procède de la volonté, alors que la nature est soumise aux lois de la nature. Pour déterminer le concept de la loi morale, Kant part donc du concept de loi de la nature et la loi morale est le produit d'une différence entre l'entendement et la raison et leurs corrélats, la nature sensible et la nature suprasensible. La loi morale ou loi de liberté est identique à la loi de la nature dans sa forme et cette dernière est le type de la loi morale. Et si « la loi naturelle est le type de la loi de liberté », ou si « la nature du monde sensible est le type du monde intelligible », c'est grâce à leur « forme commune de la conformité à la loi. » Et Kant ajoute l'explication suivante : « car des lois comme telles sont identiques à cet égard, qu'elles tirent d'où elles veulent leurs principes de détermination[26] ».

Mais cette « forme de la conformité à la loi » comprend en soi, enveloppe la notion d'universalité et d'objectivité. Pour Kant, « si la maxime de l'action n'est pas d'une nature telle qu'elle soutienne l'épreuve de la forme d'une loi naturelle en général, elle est moralement impossible[27] ».

La loi de liberté ne présuppose aucun objet, à l'opposé de la loi naturelle, puisque la nature est l'existence de ces objets sous des lois universelles. On dirait que l'univers des fins morales ne possède pas de consistance en lui-même, ceci bien que Kant écrive par ailleurs que « l'idéal

---

[25] KANT (1785[a]) p. 137. Il s'agit d'une loi d'après laquelle des effets se produisent (c'est-à-dire de toute loi, en particulier de la loi causale).
[26] KANT (1788) p. 72.
[27] *Ibid.*

de la raison pure fournit un objet du concept général de devoir[28] ». Nous n'avons en effet aucune intuition sensible du bien moral. Il faut recourir au concept mystérieux de schème de la loi morale, puisque celle-ci doit déterminer directement le vouloir. Ce schème relève non de l'imagination mais de l'entendement[29], un entendement pur qui en l'occurrence se nomme raison et cette raison est pratique par la simple représentation de la loi. En réalité, il s'agit de la forme de la loi que l'on se représente, comme principe déterminant de la volonté. Or, cette forme est obtenue après que l'on a éliminé toute matière de la volonté, tout objet du vouloir. Elle s'obtient donc au moyen d'un processus d'abstraction. Elle n'est rien d'autre que la « simple forme d'une législation universelle[30] ». Cette législation est universelle et objective, la notion de forme enveloppant l'universalité et l'objectivité.

La loi morale régit la raison pure pratique qui exerce son autorité sur la nature suprasensible. Elle est universelle et nécessaire, autrement dit a priori et apodictique.

La loi anthropologique qui préside à la destinée de l'homme en tant qu'être social est, comme nous l'avons vu, seulement expérimentale, c'est-à-dire a posteriori et elle n'entraîne qu'une certitude empirique. La loi morale est représentée et objective. La loi anthropologique n'est pas représentée. La légalité de la nature anthropologique et la légalité naturelle de la raison semblent donc s'opposer terme à terme. Les deux légalités appartiennent à deux mondes différents. C'est pourquoi l'auteur situe la loi an-

[28] KANT (1793[b]) : les onze premiers paragraphes de l'ouvrage corrigent le contresens d'un lecteur de Kant, le professeur Garve, concernant les rapports du bonheur et de la vertu (moralité).
[29] KANT (1788) p. 71.
[30] *Ibid.* § 8, *Théorème IV*, p. 33.

thropologique dans la *natura ectypa* (ectype) et la loi morale dans la *natura archetypa* (archétype)[31].

En fait, la conciliation des deux types de légalité s'effectue au niveau de la forme de la nature, « unité formelle suprême », ou « unité finale des choses ». La loi morale est la condition d'existence d'un règne des fins. La loi anthropologique prépare en quelque sorte le terrain de l'effectuation de ce règne. La première est une loi téléologique puisqu'elle a l'action pour finalité : la raison pure pratique est une raison pour et dans l'histoire. La seconde sert de type à la loi de liberté et s'accorde à elle dans leur forme commune de la conformité à la loi.

La téléologie morale et la téléologie anthropologique sembleraient donc toutes deux concourir à une même fin, à savoir l'instauration d'un règne des fins (suprasensible ou sensible). Poser le problème de la légalité et du droit de révolution, c'est donc situer la question de la légitimité de la révolution au lieu même de l'articulation de la légalité de la raison pure pratique sur la légalité de la nature anthropologique. Peut-être est-ce le troisième type de légalité, à savoir la légalité juridique qui de par sa fonction de synthèse fournira la réponse au problème du droit de révolution ?

2 -3 La légalité juridique

Kant distingue trois sortes de lois juridiques : les lois de commandement (*leges præceptivæ*), les lois de défense (*leges prohibitivæ*) et les lois permissives (*leges permissivæ*)[32] . Ces trois sortes de lois juridiques sont le prolongement ou l'application au niveau du droit des catégories de

---

[31] *Ibid.*, I. *De la déduction des principes de la raison pure pratique*, p. 43.

[32] KANT (1795) p. 87.

la liberté envisagées dans la *Critique de la raison pratique*[33], selon la qualité. Par ailleurs, selon la modalité des jugements moraux, nous distinguons « le licite et l'illicite (d'après la traduction de Barni, ou d'après celle de Picavet, le permis et le défendu) ; le devoir et l'opposé du devoir ; le devoir parfait et le devoir imparfait ». La place d'une doctrine du droit est donc prévue déjà au niveau de la moralité, grâce à la modalité des jugements moraux. Les principes du droit sont le prolongement sur le plan de la cité des catégories de la liberté, comme les principes étaient dans la *Critique de la raison pure* le prolongement des catégories de l'entendement sur fond d'expérience. « Les principes ne sont autre chose que les règles de l'usage objectif des catégories[34] ». On peut ainsi affirmer que la *Doctrine du droit* n'est qu'une analytique des principes et la *Doctrine de la vertu* également. L'analytique des concepts serait représentée par la *Critique de la raison pratique* dans sa partie analytique. « L'Analytique des Principes [est] donc uniquement un canon pour le jugement, canon qui lui enseigne à appliquer à des phénomènes les concepts de l'entendement qui contiennent la condition des règles a priori (…). [Il s'agit d'une] doctrine du jugement[35] ». La doctrine transcendantale du jugement comme l'analytique des principes comporte deux parties : le schématisme de l'entendement et le système des principes de l'entendement[36]. Mais en ce qui concerne la moralité, il n'y a pas de schème de la loi morale. Donc, en morale, la doctrine ne comprendra pas de partie traitant du schématisme de la loi morale, mais des règles pour appliquer à l'expérience les catégories de la liberté, la raison pure étant pratique par elle-même. La doctrine de la vertu

[33] KANT (1788) p. 69.
[34] KANT (1781) p. 163.
[35] KANT (1781) p. 148.
[36] *Ibid.*, p. 150.

comporte ainsi une casuistique. « L'Analytique de la raison pure pratique » doit seulement s'occuper de distinguer « la doctrine du bonheur » et « la doctrine des mœurs » ou le « principe du bonheur », du « principe moral » ; la distinction de ces deux principes ne supprime pas le fait d'une synthèse possible dans un monde des fins ou univers suprasensible.

L'établissement des lois juridiques n'est donc, comme objet d'une doctrine du droit, que l'effectuation ou réalisation sur le plan du droit (civil, international et cosmopolite) de la loi morale dont la formule a été déterminée précédemment, selon le point de vue d'une « critique » : la différence entre le concept de loi morale et le concept de loi juridique n'est que la conséquence d'une différence entre le point de vue d'une « critique » et le point de vue d'une « doctrine ». En effet, la pratique (comme détermination des cas à subsumer sous la loi) n'est jamais qu'un cas particulier du théorique :

Si l'on prend l'exemple des lois juridiques, la loi permissive n'est et ne doit être qu'une condition restrictive de la loi prohibitive et la considération des cas particuliers ne remet nullement en question la loi prohibitive ; autrement dit, il n'y a pas d'exceptions à cette loi, le licite n'est qu'une condition restrictive, non une modification ou une suppression du défendu. La formule d'une législation conséquente est mathématique[37] : et ainsi, Kant n'admet pas l'idée d'une révolution en politique, mais seulement l'idée d'une réforme ; la réforme est possible grâce à une loi permissive qu'autorise le temps d'attente, mais qui ne supprime nullement le droit que possède le souverain d'être obéi.

Dans la doctrine de la politique, puisque la pratique n'apparaît que comme un cas particulier du théorique, ou une « doctrine » comme une détermination particulière

[37] KANT (1795).

d'une « critique », il ne peut y avoir de conflit entre la politique comme doctrine pratique du droit et la morale théorique et par conséquent entre le point de vue théorique et le point de vue pratique. Pour Kant, le théorique est forme (générale) du pratique et le pratique une matière ou détermination (singulière) du théorique. De plus, ce qui est théorique à un point de vue peut devenir pratique à un autre point de vue. Par exemple, le droit est la forme de la politique, mais la matière de la moralité. Seulement, pour Kant, il ne saurait y avoir de détermination par la matière[38] : ainsi, ce ne peut être le politique qui détermine le juridique ou le juridique qui détermine la moralité mais au contraire, la moralité qui détermine le juridique et le juridique qui détermine le politique[39]. La moralité est condition formelle du droit et le droit condition formelle du politique.

Le droit et la politique ne sauraient remettre en question la moralité dans son fondement, c'est-à-dire la loi morale elle-même, ni le devoir, parce que la pratique ne doit jamais démentir la théorie et que, bien au contraire, elle exige souvent plus de théorie : les lois de la mécanique générale, par exemple, ne sont pas démenties par l'expérience si on leur ajoute une théorie du frottement ; de même, l'expérience ne dément pas la théorie du lancement des projectiles (balistique) si l'on ajoute à celle-ci la résistance de l'air. L'expérience ne donne pas de résultats différents de la théorie et la théorie tient compte de toutes les déterminations de l'expérience. Kant étend à la moralité ce qu'il dit des rapports de la théorie et de la pratique en science : « La valeur de la pratique repose entièrement (en

---

[38] KANT (1781) : *Amphibologie des concepts de la réflexion, matière et forme*, p. 235.

[39] KANT (1797[b]). À la page 73, il apparaît que cette trilogie hiérarchisée, la morale, le juridique et le politique, n'admet pas d'exceptions, car « ces exceptions nieraient l'universalité [des principes qui les déterminent] ».

ce qui concerne le devoir de vertu ou de droit) sur la conformité à la théorie qui lui sert de base et tout est perdu si l'on fait des conditions empiriques, contingentes par suite de l'exécution de la loi, les conditions de la loi elle-même[40] ». Ce qu'il s'agit de déterminer ici, c'est la différence entre l'universel et ce qui est simplement général et qui supposerait des cas particuliers pour lesquels la loi générale devrait être révisée. Or, il n'y a de loi (scientifique ou morale) qu'universelle. En ce qui concerne la loi juridique, Kant semble dire le contraire : pour établir une loi permissive, « les conditions [doivent être] insérées également dans la formule de la loi prohibitive qui serait ainsi devenue du même coup une loi permissive ». Dans ce dernier cas de la loi juridique, Kant confirme l'idée que la vérité pratique est aussi théorique. Mais pour ce qui concerne la loi morale, il ne fait pas des conditions empiriques de l'exécution les conditions mêmes de la loi. Les conditions empiriques de l'exécution de la loi ne changent rien à la formule de la loi. Il faut au contraire les annexer à la loi elle-même. La pratique suppose plus de théorie ; la loi prohibitive reste prohibitive en devenant permissive car les permissions ne sont pas annexées à la loi du hasard, mais suivent un principe. Les conditions d'application de la loi morale font partie de la loi ; tout au plus, au point de vue juridique, on convient d'ajouter à la formule de la loi le cas de la permission : la loi permissive est une loi de droit naturel, mais si l'on prend l'exemple de la continuité de la possession depuis l'état de nature jusqu'à l'état civil, cette continuité n'est permissive ni selon le droit naturel, ni selon le droit civil. La loi prohibitive ne concerne que le mode d'acquisition, mais la loi permissive concerne la possession. La permission n'est ici qu'une condition simplement restrictive de la défense. Il s'agit d'ajourner la

---

[40] KANT (1793b).

défense, non de la supprimer. La condition temporelle fait donc partie intrinsèque de la loi de défense.

Dès ce point, il est possible de comprendre que le droit ne sera pour Kant qu'une doctrine, c'est-à-dire que le droit (comme d'ailleurs la vertu) ne sera qu'un cas particulier de la loi morale et ne saura en rien modifier la formule mathématique de cette loi morale, sous peine de parvenir « au grand scandale de la philosophie[41] ».

En conclusion, du point de vue formel, il y a accord entre la loi de la nature et la loi pratique (dont la loi juridique n'est qu'un exemple *in concreto*, c'est-à-dire une règle de l'usage de cette loi pratique en matière de droit.) Partant, la révolution, du moment qu'elle se traduit par le renversement de la légalité juridique mise en application par tel gouvernement, ne peut se présenter que comme le renversement de la loi morale. La révolution ne peut donc être légitime.

Pourtant, le problème ne semble pas pouvoir se résoudre si vite lorsqu'on prend en compte le point de vue de l'histoire. En effet, du point de vue matériel, l'histoire nous montre qu'il y a le plus souvent désaccord entre la loi de la nature et la loi pratique. Et le droit exercé par tel régime est souvent loin de se confondre avec le droit comme matière de la moralité. La révolution ne peut-elle donc avoir une prétention au droit si, dans sa finalité, elle comporte l'établissement d'une société fondée sur la loi juridique en accord avec la loi morale ? En examinant d'une manière plus approfondie les trois types de légalité dans leur application à l'histoire, nous tenterons de répondre à cette question.

[41] KANT (1793[b]).

I - LÉGALITÉ DE LA NATURE ET ÉTAT DE GUERRE

I – 1 La loi de l'opposition réelle et l'état de nature, lecture n°1

L'antagonisme (insociable sociabilité) au sein de la nature humaine contraint les hommes à la guerre. La guerre (ou la discorde en général) est le moyen que la nature utilise pour éveiller la raison humaine. Le but de la raison est la concorde.

L'antagonisme est inhérent à l'individu. Il s'agit d'un antagonisme entre deux tendances : une tendance à la sociabilité et une tendance à l'isolement, à l'égoïsme. L'antagonisme est ce que Kant appelle, dans l'*Essai pour introduire en philosophie le concept de grandeur négative*[42], « l'opposition réelle » ou « incompatibilité réelle ». L'incompatibilité réelle (distincte de la contradiction purement logique) « ne se produit qu'en tant que, étant donné deux choses comme principes positifs, l'une détruit la conséquence de l'autre[43] ». Dans l'égoïsme, l'individu a pour principe de tenir compte exclusivement de tout ce qui sert ses propres intérêts et de rester « indifférent » à ce qui arrive à autrui[44] ». Dans cette définition, la négation qui résulte plutôt de l'absence d'un principe positif (l'indifférence étant un principe négatif), est considérée comme un « défaut[45] ». Mais à un autre égard, si l'on considère que l'égoïsme peut se traduire par la suppression de tout ce qui sert autrui, autrui pouvant faire obstacle à mes intérêts, alors l'égoïsme est bien une « privation », c'est-à-dire la « négation, conséquence d'une opposition réelle[46] »

[42] KANT (1763).
[43] *Ibid.* p. 85.
[44] PHILONENKO (1968).
[45] KANT (1763) p. 88.
[46] *Ibid.*

entre le moi égoïste d'une part et de l'autre, l'*alter ego* (égoïste).

L'égoïsme obéit donc au principe d'opposition réelle et constitue entre deux individus une incompatibilité réelle. « Animal solitaire que le voisinage effarouche[47] », tel est l'homme en sa nature.

C'est pourtant dans ces rapports entre les hommes au niveau de l'espèce que l'opposition réelle trouve sa solution. En fonction d'une « disposition pragmatique[48] » de l'espèce, l'homme sort de la « brutalité de la force solitaire » et devient, par l'intermédiaire de la culture, un être policé. Tout se passe comme si la nature utilisait une première fois l'antagonisme originaire dans l'individu pour le conduire ensuite à sa solution dans l'espèce, solution qui se trouve être sa négation et la réalisation de la civilisation au moyen de la culture.

Le passage à la culture prend la forme du droit privé. Ce dernier n'est donc pas originel mais acquis. Il intervient après la propriété pour la garantir. Ce qui est originel, c'est l'acquisition de la propriété, appelée la première occupation du sol. Or, celle-ci est le produit d'une liberté « sauvage et déréglée » ou « anarchique[49] ». L'occupation originelle et le maintien de la propriété d'une terre qui n'appartenait à personne à l'état de nature ne pouvait être rendue possible que par la force. Mais la force, c'est encore une garantie précaire de la propriété. D'où la nécessité pour la communauté des individus de fonder le droit non pas sur la force mais sur la raison. « Le droit est [...] l'ensemble des conditions au moyen desquelles l'arbitre de l'un peut s'accorder avec celui de l'autre, suivant une loi générale de liberté ».

---

[47] KANT (1798[a]).
[48] *Ibid.*, p. 163.
[49] KANT (1795) p. 105.

Le droit réel, première forme du droit privé, en est en même temps le plus bas degré. C'est le droit sur une chose, c'est-à-dire le droit d'user particulièrement d'une chose. « La définition habituelle du droit sur une chose (*jus reale, jus in re*), à savoir que « c'est le droit dont on dispose envers tout possesseur de cette même chose[50] » Cette « définition habituelle », « [nominalement] correcte », selon l'expression de Kant doit être corrigée car elle enferme l'idée absurde d'une obligation réciproque entre la liberté du possesseur et la chose possédée. C'est pourquoi il propose une seconde définition du droit réel faisant intervenir la dimension collective de la possession pour montrer que même en ce qui concerne le degré le plus bas du droit privé, il s'exerce avant tout entre des personnes. La définition réelle devrait donc s'énoncer de la façon suivante : « Le droit sur une chose est un droit qui autorise l'usage privé d'une chose dont je partage avec tous les autres la possession collective (qu'elle soit "originaire" ou instituée) [51] ».

Le droit réel renferme donc une exigence qui est son véritable fondement. Fonder le droit, c'est le faire valoir bilatéralement et non unilatéralement. C'est dire que le droit concerne deux personnes au moins et non le rapport d'une personne à une chose. Cependant, même médié par la collectivité, le rapport entre ma liberté et la possession repose sur une première occupation du sol et celle-ci se produisant à l'état de nature, le droit réel ne saurait reposer sur un fondement solide. Tout au mieux, on peut considérer que le droit réel contient virtuellement, par sa dimension collective, la possibilité d'être dépassé et d'accéder à

[50] KANT (1796-1797) p. 56.

[51] *Ibid.*, p. 56 ; « originaire » est le terme du traducteur. Il nous semble que le terme d' « originelle » conviendrait mieux ici pour le distinguer de « originaire » qui indiquerait non seulement l'origine d'une chose mais que cette chose est fondée rationnellement, juridiquement.

un droit plus consistant. L'acquisition « originaire » dont parle Kant au paragraphe 14 du même ouvrage, *Doctrine du droit*, n'est sans doute pas aussi explicitée que celle de Rousseau dans son *Discours sur l'origine et les fondements de l'inégalité parmi les hommes* (1755), un discours qu'il devait probablement connaître et avoir en mémoire en 1797, au moment où il rédige dans cette Doctrine, première partie de la *Métaphysique des mœurs,* le chapitre I consacré au droit réel et en particulier, le paragraphe 14, où il traite de la première prise de possession et écrit : « la volonté que la chose (par conséquent aussi un lieu déterminé et délimité sur la Terre doive être mienne, c'est-à-dire l'appropriation (*appropriatio*), ne peut être, dans une acquisition originaire, qu'unilatérale [...]. Donc l'acquisition originaire de cet objet, par conséquent aussi celle d'un sol aux dimensions délimitées, ne peut s'opérer que par occupation (*occupatio*) ». Tant que le droit ne revêt pas une forme bilatérale et ne fait intervenir un rapport explicite entre des personnes, il reste fragile. Le droit qui va permettre d'accéder à une forme supérieure du droit privé est le droit personnel.

Le droit personnel constitue le véritable fondement du droit. Il est « la possession de l'arbitre d'un autre, en tant que faculté de le déterminer par mon arbitre à une certaine action d'après des lois de la liberté[52] ». Le droit personnel, comme le fait remarquer Ruyssen, « suppose la réciprocité de deux promesses simultanées, c'est-à-dire un contrat et se fonde ainsi directement sur l'impératif catégorique qui commande l'observation de la parole donnée[53] ».

L'idée du contrat implique l'idée d'un chef suprême pour faire respecter ce contrat. « L'homme est un animal qui, du moment qu'il vit parmi d'autres individus de son

[52] *Ibid.*, Chapitre II, § 18, p. 69-70.
[53] RUYSSEN (1929) p. 231.

espèce, a besoin d'un maître[54] ». Mais le chef est lui-même un animal qui, à son tour, a besoin d'un maître. D'où la difficulté du problème. Il s'agit de trouver un chef suprême qui doit être juste pour lui-même et cependant être un homme[55]. Il va sans dire qu'un tel chef est introuvable car « le bois dont l'homme est fait est si noueux qu'on ne peut y tailler des poutres bien droites[56] ». Partant, la justice publique ne sera pas établie de sitôt. La nomination d'un chef à la tête d'une communauté d'individus n'empêchera pas les abus de la liberté, ni les guerres. Le chef peut tout au plus constituer une limitation (restreinte d'ailleurs) de ces abus et de ces guerres. Il faut reconnaître toutefois que le chef, en tant que représentant de l'ordre au sein d'une communauté de personnes qu'on n'ose encore appeler à ce stade société, est le signe d'un dépassement de l'état de nature anarchique et l'accomplissement d'un pas en avant sur la voie de la civilisation. C'est d'autant plus vrai que le chef a pour mission, entre autres, de faire respecter le droit personnel, c'est-à-dire le contrat.

La liberté anarchique et déréglée qui régnait à l'état de nature est contrainte par la loi morale qui s'exerce au niveau de ce droit personnel. Le droit personnel marque ainsi la rupture entre la nature et la culture et le commencement du passage de l'une à l'autre.

La réalisation du droit personnel en même temps que l'application du droit réel fait intervenir quelque chose de plus qu'un simple contrat. Elles supposent une loi extérieure en vertu de laquelle la propriété privée ainsi que la famille, c'est-à-dire la cellule sociale est possible. « Ce droit », d'après la traduction d'Alain Renaut, au chapitre II, § 22 de la *Doctrine du droit* est celui de « posséder un objet extérieur comme une chose et d'en user comme

---

[54] KANT (1784[a1]) p. 67.
[55] *Ibid.*
[56] *Ibid.*

d'une personne ». Ce droit, toujours d'après la même traduction, équivalente à celle de Barni est « le droit personnel d'espèce réelle ». À cette traduction, nous préférons celle de Ruyssen qui nomme ce droit « le droit personnel-réel de l'espèce » et le définit comme étant « ce droit qu'a l'homme d'avoir comme chose sienne une autre personne que lui-même ». En effet, c'est pour nous le droit qui est « réel » comme l'indique l'intitulé du § 11, chapitre II et ce droit personnel-réel se réalise dans l'espèce et par l'espèce puisqu'il ne prend son sens que par ses applications dans la famille, lieu de la reproduction de l'espèce. De plus, *stricto sensu*, ce droit porte directement sur les personnes, selon Ruyssen, non sur un objet extérieur que l'on userait comme d'une personne. Enfin la notion de droit personnel-réel de l'espèce indique mieux la synthèse entre le droit réel du § 11, chapitre I et le droit personnel du § 18, chapitre II. Le droit personnel-réel de l'espèce concerne le droit conjugal, le droit des parents sur leurs enfants et le droit du maître de maison sur ses domestiques.

En résumé, l'antagonisme au sein de la nature humaine contraint l'homme à trouver des solutions à l'état de guerre qui caractérise l'état de nature et ces trois types de droit en sont une, parmi d'autres, mais pas la moindre, puisqu'ils la situent dans l'espèce. Tout se passe « comme si » (*als ob*) la nature voulait la discorde alors que l'homme recherche la concorde. Mais « en fin de compte », la nature semble vouloir réaliser la concorde en accord avec la volonté des hommes, avec ceci de supérieur à eux, qu'elle « sait[57] » utiliser les moyens pour faire appliquer le droit sur la terre. D'où l'idée de la finalité de la nature (*Zweck der Natur*), idée régulatrice et non déterminante qui conduit Kant à entrevoir une philosophie de

---

[57] Ce savoir et cette volonté justifient l'expression de « ruse de la nature » employée par Eric Weil dans WEIL (1962).

l'histoire. Cette finalité de la nature se double d'une finalité de la raison ou finalité naturelle (*Naturzweck*) qui constitue en première analyse sa négation mais qui en dernière instance semble la rejoindre. La philosophie kantienne de l'histoire, c'est précisément la tentative d'articuler « la téléologie pure qui s'ordonne à la raison pratique » avec « la téléologie empirique qui se fonde sur les dispositions naturelles de l'espèce[58] ».

À ce titre, l'*Idée d'une histoire universelle au point de vue cosmopolitique*[59] nous renseigne sur cette tentative. Les neuf propositions constituent une source inépuisable pour nous qui tentons de traiter le problème de la légalité et du droit de révolution à la lumière de la philosophie de l'histoire selon Kant. En effet, à bien considérer ces propositions, il semble que chacune d'elles se ramène à un concept subsumable sous une catégorie. De là, nous pouvons faire entrer les neuf propositions dans un tableau organisé selon la quantité, la qualité, la relation et la modalité. Ce tableau vient éclairer l'analyse précédente.

Notre hypothèse de travail est expliquée de la façon suivante. Elle s'appuie sur une interprétation de ces neuf propositions que nous citons intégralement pour les relire à la lumière de la table des catégories de l'entendement (*Critique de la raison pure*, livre I, chapitre 1, 3ème section) et déduire un sens (signification et direction) de l'histoire permettant de mettre au jour le sens implicite du droit de révolution dans le discours de Kant. À chacune des trois étapes de notre recherche correspondra une lecture particulière des neuf propositions. En effet, chacune d'entre elles contient un concept essentiel qui nous permettra de mieux saisir, sous la catégorie de modalité, de façon synthétique, l'essence de chacune des trois étapes. Celles-ci sont titrées de la façon suivante : 1) légalité de la

---

58 KANT (1784a1), p. 71.

59 *Ibid.*

nature et état de guerre (lecture n° 1) ; 2) légalité naturelle (de la raison dans l'histoire) et droit de révolution (lecture n°2) ; 3) légalité juridique et droit de révolution (lecture n° 3).

Commençons par la première étape. Comment comprendre cet état de nature à la lumière des trois grandes catégories précédentes, quantité, qualité, relation ? Nous savons que la première se subdivise en trois concepts purs de l'entendement, les concepts d'unité, pluralité, totalité ; la seconde catégorie de qualité se subdivise en trois autres concepts : réalité, négation, limitation ; la troisième catégorie de relation comprend les concepts de substance, causalité et communauté (ou action réciproque).

Réduisons maintenant les neuf propositions à un terme essentiel.

La première proposition est la suivante : « Toutes les dispositions naturelles d'une créature sont déterminées de façon à se développer un jour complètement et conformément à un but ». Le terme essentiel de créature (ou d'individu) correspond dans la table des catégories au concept d'unité, selon la quantité.

Seconde proposition : « Chez l'homme - en tant que seule créature raisonnable sur terre – les dispositions naturelles qui visent à l'usage de sa raison n'ont pas dû recevoir leur développement complet dans l'individu mais seulement dans l'espèce ». Ce terme essentiel d'espèce correspond dans la table à la catégorie de pluralité, selon la quantité.

Troisième proposition : « La nature a voulu que l'homme tire entièrement de lui-même tout ce qui dépasse l'agencement mécanique de son existence animale, et qu'il ne participe à aucune félicité ou perfection que celle qu'il s'est créée lui-même, indépendamment de l'instinct, par sa propre raison ». Nous relevons le concept de raison qui correspond dans la table au concept de totalité, toujours selon la quantité. C'est par la raison que s'instaure le droit privé dont la forme supérieure est le droit personnel – réel de l'espèce. Il vient synthétiser ainsi dans la catégorie de quantité les deux concepts précédents d'individu et d'espèce issus des trois premières propositions de l'*Idée d'une histoire universelle au point de vue cosmopolitique.*

Arrêtons-nous là. En suivant le même processus pour remplir la catégorie de qualité avec les trois autres propositions, puis la catégorie de relation à partir des trois dernières propositions, nous obtenons les résultats suivants :

Dans la catégorie de qualité, ce qui correspond à la réalité est la notion d'antagonisme (insociable sociabilité) de la quatrième proposition ; au concept de négation correspond l'idée de contrainte de la nature sur l'espèce humaine ; la nature contraint l'homme à réaliser une société civile (5ème proposition).

Enfin, sous le concept de limitation s'inscrit l'idée de « maître » de la sixième proposition. Le maître, chef suprême, impose sa limite au développement de l'espèce humaine.

Dans la catégorie de relation, la 7ème proposition nous permet de remplir les concepts de substance et accidents au moyen de l'idée de relations régulières entre les États, unifiées dans l'idée kantienne de Société des Nations.

La 8ème proposition vient illustrer le concept de cause et d'effet, dans la mesure où, dans l'histoire de l'espèce humaine, la nature pousse l'espèce humaine à réaliser son plan caché. C'est pourquoi l'auteur utilise l'idée de finalité de la nature (*Zweck der Natur*).

Le troisième concept de la catégorie de relation (concept de communauté ou d'action réciproque), correspond dans la neuvième et dernière proposition de l'*Idée d'une histoire universelle...* à l'idée d'unification politique totale de l'espèce humaine. Cette idée marque le passage de l'état de nature à l'état civil de l'espèce humaine.

Nous déduisons de tout ce qui précède que selon la catégorie de modalité, non explicitée dans ce livre, que l'idée d'état de nature s'énonce au moyen du concept de possibilité et que le jugement qui s'y attache est un jugement problématique. Cela veut dire que Kant ne traite pas l'état de nature comme un état historique, ayant existé nécessairement, mais comme un concept opératoire ou une hypothèse de travail. Il en est de même du contrat social qui apparaît au niveau du droit personnel. Nous verrons plus tard les implications graves d'une telle conception de l'état de nature ou du contrat originaire.

En conclusion, l'état de nature est un état de sauvagerie, de violence et de misère : la violence éclatant de toutes parts et la misère subséquente devaient conduire une population qu'on imagine sous la forme de groupes, à la résolution de se soumettre à la contrainte que la raison leur prescrit comme moyen, c'est-à-dire au bout d'un certain temps d'affrontements entre petites communautés d'abord inorganisées, puis de clans et de tribus sous la domination d'un chef, à la loi publique prescrite beaucoup plus tard par une constitution civile. Le recours au droit privé est donc d'abord exigé à cause des contradictions internes de l'état de nature. Mais le passage à l'état de culture crée un conflit nouveau avec l'état de nature. La moralité doit être la solution de ce conflit.

Le droit apparaît comme une résistance à la loi de violence inhérente à la nature, ainsi que le mentionne le *Projet de paix perpétuelle*. La culture (sous la forme du droit) ne fait pas simplement que résister à la nature. Il existe une opposition réelle entre l'histoire de la nature et celle de la liberté[60]. La nature ne progresse pas de la même manière que la culture et la différence de progression confirme cette opposition réelle entre la nature et la culture. Les fins de l'humanité, en tant qu'espèce animale et les

---

[60] KANT (1786[a]) p. 162.

fins de l'humanité, en tant qu'espèce morale divergent. D'où le préjudice inévitable causé à la fin de l'état de nature par les mœurs[61]. Pour que les exigences de la nature et celles du droit s'harmonisent, il faut « une constitution civile parfaite ». L'accord de la nature et du droit ne se réalise qu'au niveau du droit.

À l'état de nature, il ne saurait être question de droit de révolution, mais seulement de l'apparition du droit privé. Le droit privé qui garantirait une révolution est un non-sens. C'est plutôt l'état de guerre qui rend possible le droit privé, ou encore l'état de nature qui conditionne matériellement l'état de culture. Le passage de la guerre au droit privé est rendu possible par l'opposition réelle interne de l'état de nature, l'insociable sociabilité[62], et par l'opposition réelle entre l'état de nature et l'état de culture (sous forme de dispositions antagonistes au sein de la nature). L'état de nature se caractérise donc par l'apparition de la légalité de la nature humaine, prise au niveau de l'individu et de l'espèce.

Nous venons de voir comment se développe l'état de nature puis comment s'effectue le passage de l'état de nature à l'état de culture : ce développement et ce passage obéissent à la loi de l'opposition réelle. En somme, c'est l'histoire même de l'humanité qui est soumise à cette loi. Voyons comment cette dernière est utilisée (implicitement) par Kant pour éclairer l'histoire humaine. En même temps, le recours à l'histoire ne peut que venir éclairer le résultat précédent, à savoir qu'à l'état de nature, le seul problème de droit qui se pose en face de la légalité de la nature est celui du droit privé et non du droit public. Le

---

[61] *Ibid.*

[62] Il s'agit bien de « l'opposition réelle » et non de la « contradiction » qui désigne à proprement parler l'opposition logique. Celle-ci consiste à affirmer et à nier dans le même temps quelque chose d'un même sujet. Cette connexion logique est sans conséquence cf. KANT (1763).

droit privé est lié à l'état de guerre. Par conséquent, la question de la révolution qui se produit dans un État constitué ne doit pas se poser dans le contexte de l'état de nature. C'est ce que nous nous proposons de mieux faire apparaître maintenant.

I – 2 Le mythe de l'origine et l'état de nature

L'opuscule de 1786 consacré aux *Conjectures sur les débuts de l'histoire humaine*[63], nous éclaire au plus haut point sur la conception kantienne de l'état de nature et du devoir de l'humanité. Cette conception repose sur une interprétation du mythe de la *Genèse*. Comme le fait remarquer Th. Ruyssen[64], il s'agit pour Kant, dans cet essai, de réaliser selon le mot de Renouvier, une « uchronie ». La tentative de l'auteur des *Conjectures* est donc modeste. Elle se présente comme un « voyage de plaisance » pour « le délassement et la santé de l'esprit » et pas du tout comme une recherche historique « sérieuse ». Nous tenons cependant à souligner que sous ces atermoiements destinés sans doute à se préserver de toute attaque trop immédiate et dogmatique que peut susciter une lecture de cet essai par les gens d'Église et par les gens d'État[65], Kant se tient toujours dans les limites de la raison et fait appel, à plusieurs reprises et toujours implicitement d'ailleurs, à la loi de l'opposition réelle pour expliquer le développement de

[63] KANT (1786[a]), p. 153 et suiv.
[64] WEIL (1962), p. 40 et RUYSSEN (1929), p 241, sqq.
[65] Le traité paraît en janvier 1786. Frédéric II meurt en août de la même année à l'âge de 74 ans. Il est donc probable que Kant ait, dès cette période, pensé au successeur du « despote éclairé », Frédéric Guillaume II qui avait alors 46 ans et dont il devait redouter plus que du premier, prudence oblige, la manière de gouverner.

l'humanité à l'état de nature. Voyons donc comment cette loi s'applique à l'état de nature et surtout en quoi le problème du droit de révolution ne peut se poser à l'état de nature.

Sous l'expression d'« état de nature », Kant comprend deux choses : l'état d'innocence et l'état de barbarie ou de discorde. Le premier état constitue véritablement le mythe de l'origine de l'humanité ; le second est plus près de la réalité historique ou tout au moins de la raison. Examinons ces deux états.

I - 2 - 1 L'état d'innocence, mythe de l'origine

Kant imagine un couple dans une sorte de jardin paradisiaque. On suppose que ce couple vit à l'écart des autres hommes pour pouvoir se développer dans les meilleures conditions extérieures, c'est-à-dire dans la paix naturelle. Adam et Eve, puisqu'il faut les appeler ainsi ont acquis le parler, l'expression, le penser au moyen de l'instinct, véritable voix de Dieu. Or, la raison humaine va naître sur la base de cet instinct à l'état brut et progresser en quatre étapes, de la rusticité à ce que nous appellerons la « socialité[66]».

I - 2 - 1 - 1 L'éveil de la raison

L'originalité de la nature humaine par rapport à la nature animale est de créer artificiellement des désirs « non seulement <u>sans</u>[67]fondements établis sur un instinct naturel

---

[66] Il faut bien appeler ainsi ce qui n'est pas la sociabilité qui désigne l'aptitude à vivre en société et ne saurait être non plus la socialisation, terme moderne. La socialité, c'est, dans un sens général, la sortie de l'état isolé d'innocence et l'accès à l'état de vie en communauté (sous la forme barbare des origines) ou état social. Ce qui montre bien, soit dit en passant, que pour Kant, l'état de nature, au stade second de la barbarie est déjà un état social.

[67] Kant souligne.

mais même en opposition avec lui ». Cette création est une création de la raison aidée de l'imagination. L'auteur reconnaît donc deux instincts, l'instinct naturel et l'instinct divin (la raison). Ces deux instincts sont en opposition. Ici, ce qui est reconnu implicitement, c'est la loi de l'opposition réelle selon laquelle la raison et l'instinct (deux principes positifs) entrent en conflit et font naître des désirs qui sont des penchants superflus et contraires à la nature animale. Ces désirs constituent la sensualité qui est le propre de l'homme.

I - 2 - 1 - 2 L'éveil de la sensualité.

La sensualité a pour fondement l'instinct sexuel excité par la raison et l'imagination. Sans la raison et l'imagination, il n'y aurait pas de sensualité. Celle-ci contribue à l'invention de la feuille de figuier qui entraîne non seulement une convoitise plus grande de ce qui se dérobe au regard mais aussi des excitations idéales. L'amour, le goût du beau, la décence voient le jour. Et comme le souligne Kant, la décence caractérise le passage à la moralité.

I - 2 - 1 - 3 L'éveil de la moralité.

Au deuxième stade, les excitations sensuelles entrent en conflit avec les excitations idéales[68]. L'opposition réelle entre ces deux genres d'excitations, nous dirons qu'elle est secondaire par rapport à l'opposition réelle principale entre l'instinct divin (la raison) et l'instinct naturel. Les deux éléments de cette opposition réelle secondaire n'ont pas la même importance. Ce sont les excitations idéales qui représentent l'aspect principal de cette opposition secondaire puisque celle-ci donne naissance à la décence et non à une tendance ou à une passion, ce qui aurait pu être le cas. Dans le cas de l'opposition réelle principale entre l'instinct naturel et l'instinct divin, l'aspect principal est

[68] « Le refus (souligné par l'auteur) fut l'habile artifice qui conduisit l'homme des excitations purement sensuelles vers les excitations idéales ».

l'instinct naturel puisqu'il imprime son caractère à la sensualité produite par cette opposition.

Le résultat du conflit entre les excitations sensuelles et les excitations idéales est donc la décence. Or, la décence marque l'accès à la moralité. « La décence, souligne Kant, penchant à provoquer chez autrui de la considération à notre égard par de bonnes manières (en masquant ce qui pourrait inciter au mépris) et fondement réel de toute vraie sociabilité, fut en outre le premier signe de la formation de l'homme en tant que créature morale[69] ».

La moralité ou plutôt la moralisation de la conscience, troisième étape du progrès accompli par la raison se caractérise par l'attente réfléchie de l'avenir. Le sujet acquiert la faculté de se représenter des fins. Deux sortes de fins apparaissent bientôt qui ne vont pas tarder à entrer en conflit : les premières fins, lointaines, envisagent une jouissance à long terme ou encore le bonheur[70]. Les secondes sont engendrées immédiatement par les premières comme leur contraire : ce sont les soucis et les ennuis auxquels la nature soumet l'homme et, à l'horizon, la mort. Ce conflit entre les fins lointaines qui peut se ramener à un conflit entre ce qu'on peut appeler le bonheur et le malheur entraîne un changement dans l'attitude d'esprit de l'homme vis-à-vis de la nature. Ce changement, c'est le quatrième

---

[69] KANT (1786[a]) p. 158.

[70] Dans la *Doctrine de la vertu*, la représentation du bonheur n'a rien à voir avec les motifs (moraux). Le bonheur est éliminé, n'étant pas motivation des actions morales. Mais considéré selon la matière des devoirs extérieurs de vertu, le bonheur est une « fin d'autrui dont la réalisation est en même temps pour moi un devoir ». Dans le propos que nous tenons ici, le bonheur est une fin personnelle et n'a rien de commun non plus avec la « propre perfection », fin personnelle et matière des devoirs intérieurs de vertu. À ce stade de l'évolution de l'homme, le bonheur (personnel) ne peut donc s'identifier à un devoir de vertu envisagé selon la matière. Il constitue néanmoins un progrès dans la moralisation de la conscience et avec l'apparition de la notion d'égalité, il se transformera lentement en fin d'autrui.

progrès accompli par la raison. Il se traduit par la notion d'égalité qui correspond à l'éveil de la sociabilité (fondée sur la décence).

I - 2 - 1 - 4 L'éveil de la sociabilité.

Comment arrive-t-on de la représentation du conflit entre le bonheur et le malheur à celle de l'égalité ? C'est en voulant réaliser le premier aspect du conflit, c'est-à-dire bien sûr, le bonheur, que l'homme transforme en attitude par rapport à la nature et qu'il traite dorénavant cette dernière comme un moyen pour réaliser ses fins personnelles : aux animaux qu'il considérait jusque-là comme les cohabitants d'une même nature, il impose sa volonté et sa puissance. Il dit par exemple au mouton : « la peau que tu portes, ce n'est pas pour toi, mais pour moi que la nature te l'a donnée[71] ».

L'opposition réelle entre le bonheur et le malheur entraîne la prise de conscience d'une inégalité entre l'homme et l'animal. Cette inégalité se met au service du bonheur. L'avers de la médaille, c'est la notion d'égalité par laquelle on accède à la « socialité » effective. En effet, la raison impose une limitation à l'inégalité. L'inégalité s'achève où commence l'homme. Tous les êtres raisonnables doivent être sur un même pied d'égalité. L'égalité, c'est la prétention qu'élèvent les hommes à être traités comme des fins en soi et pas simplement comme moyens pour servir d'autres fins qu'eux-mêmes.

L'apparition de la notion d'égalité est contemporaine de la sortie de l'état d'innocence et de l'accès à l'état de barbarie[72]. Car de la représentation de l'égalité à sa réalisation effective, il y a toute la distance que nécessite l'affranchissement, c'est-à-dire la lutte permanente entre

---

[71] KANT (1786[a]), p. 160, cf. *Genèse,* 3-21.
[72] *Ibid*., p. 167.

les hommes pour combattre l'ambition, le désir de domination et la cupidité[73] qui accroissent l'inégalité.

La quatrième et dernière étape du progrès accompli par la raison s'accompagne donc de l'institution de l'inégalité. Est-ce bien un progrès pris au sens de processus vers un mieux (moral) ? La réponse est négative et l'on pense que non seulement surgit l'inégalité à la fin de l'état d'innocence mais pire encore si l'on considère qu'au stade suivant, apparaît le mal (avec la désobéissance et le mensonge) qui entraîne la chute, la punition, puis au stade de la civilisation, le vice.

Mise à part cette remarque pessimiste (provisoire) quant au sens de l'histoire de l'humanité, à hauteur de l'état d'innocence, nous ne devons pas perdre de vue l'objet de notre développement qui est de montrer comment la loi de l'opposition réelle s'applique à l'histoire de l'état de nature, l'explique et, surtout, que la question du droit de révolution ne se pose pas à l'état de nature. Nous estimons que la démonstration et la preuve justifiant ces deux points viennent d'être fournies en ce qui concerne la première partie de l'état de nature, à savoir l'état d'innocence. Avant d'examiner l'état suivant de barbarie, second moment de l'état de nature, nous résumerons pour plus de clarté ce premier développement de la façon suivante :

Si nous devions représenter ce premier développement historique par un schéma, ce serait celui d'une spirale. En effet, le processus du développement de la raison dans

---

[73] KANT (1790[a]) p. 242, note b : *Ehrsucht, Herrschsucht und habsucht* ; Ehrsucht (ambition: de *ehre*, honneur, réputation ; *ehren* : honorer, respecter ; *sucht* : manie, passion, quête ; *suchen* : chercher), *Herrschsucht* (despotisme, tyrannie, besoin de domination, ambition effrénée ; de *Herrscher* : souverain, maître, dominateur ; *herschen* : régner, commander) *und Habsucht*, (avidité, convoitise; de *habe* : le bien ; *haben* : avoir; *sucht* : la passion).

l'histoire n'est ni linéaire, ni circulaire, ni en ligne brisée ou autre. Pourquoi une spirale ?

De la rusticité à la sensualité, puis de la sensualité à la moralité (ou décence) et de la moralité à l'égalité, il n'y a pas de circularité car on ne revient pas au point de départ (la rusticité) pour recommencer ensuite le même parcours. Comme nous l'avons vu, nous passons à chaque fois d'un degré bas à un degré de plus en plus élevé. Cette ascension n'est pas non plus linéaire car elle est marquée par des retours en arrière, des régressions. C'est ce qui se produit souvent dans l'histoire : du stade de la moralité, on peut retourner aisément à celui de la sensualité, ou du stade de la sociabilité à celui de l'insociabilité, de la civilisation à la barbarie et ainsi de suite, d'où l'image de la boucle, mais une boucle ouverte, autrement dit, une spirale. Celle-ci va en s'élargissant comme un entonnoir, car en dépit des régressions, le mouvement se poursuit vers le haut, le progrès au sens moral du terme.

Ainsi, au début de l'histoire humaine, nous supposons, sous la forme du mythe un couple, puis au fur et à mesure que celui-ci se moralise et se socialise, Adam et Eve se rapprochent d'autres Adam et Eve pour constituer une communauté humaine.

Le moteur de l'histoire de la raison qui est en même temps celui de l'histoire de l'état de nature et, plus loin, de l'humanité, c'est l'opposition réelle. Bien avant Hegel qui, lui, historicise la notion de « contradiction » et sans doute plus clairement et plus distinctement que lui, puisque Kant laisse au terme de contradiction son sens purement logique, l'auteur des *Conjectures sur les débuts de l'humanité* utilise le seul terme d' « opposition réelle » et nous montre les quatre moments de son développement : dans un premier moment, l'opposition réelle que nous qualifierons de principale parce qu'elle est innée et conditionne les trois autres se produit entre l'instinct naturel et l'instinct divin. Les trois autres oppositions, nous dirons qu'elles sont secondaires en tant qu'elles dépendent de la principale. Ces trois autres oppositions réelles (secondaires) qui ne sont en fait que d'autres moments de la même opposition réelle initiale, sont celles qui se produisent entre les excitations idéales et les excitations sensuelles ; la représentation du bonheur et celle du malheur ; l'homme et l'animal.

Chacune de ces oppositions réelles fait apparaître un aspect principal et un aspect secondaire. Nous observons que dans l'opposition A, l'aspect principal est l'instinct naturel et l'aspect secondaire, l'instinct divin, moins immédiat que le précédent, moins déterminant que lui quant au comportement de l'individu. Dans cette première opposition, c'est la nature qui prédomine sur la raison. Dans les trois autres oppositions (ou dans les trois autres moments de l'opposition réelle), un renversement se produit et c'est la raison (dans B) qui prévaut sous la forme d'excitations idéales, la représentation du bonheur qui l'emporte sur celle du malheur (dans C) et enfin de l'homme, maître de l'animal (dans D).

En conclusion, l'histoire de l'humanité, au stade de l'état d'innocence, c'est l'histoire de l'opposition réelle entre la nature et la raison.

La seconde conclusion se tire de l'observation du tableau. À l'état d'innocence, l'opposition entre la nature et la raison ne se confond pas avec un conflit ouvert entre ces deux termes qui se prolongerait par un troisième terme instable. La sensualité, la décence (moralité), l'égalité, la socialité sont des termes relativement stables. Cependant, il faut noter que déjà, au niveau de l'égalité et de la socialité, apparaissent en contrepartie, l'inégalité et « l'insocialité », termes instables qui annoncent l'étape suivante de l'état de nature, la barbarie. Pourtant, ce sont les trois formes d'opposition, sensualité, moralité et égalité dont l'aspect principal est respectivement l'idéalité des excitations, l'idée de bonheur, l'homme (au sens d'humanité) qui font de l'état de nature un état d'innocence, où règne un état de paix relative. Considérons à présent l'état suivant, celui de barbarie.

I - 2 - 2 L'état de barbarie

Dans le jardin d'Eden, notre couple ancestral se contentait d'une récolte aléatoire de racines ou de fruits ainsi que de la capture rudimentaire du gibier. Au cours de la période suivante, l'homme prend carrément possession de la nature, c'est-à-dire des bêtes qu'il domestique et des plantes. Et l'on a vu que cette possession commence déjà vers la fin de l'état d'innocence.

Le travail s'instaure et devient une nécessité vitale. Bientôt, une première « division du travail[74] » va donner naissance à différents modes de vie dont deux principaux, le mode de vie pastorale et le mode de vie agricole. De cette division du travail résulte une opposition entre pasteurs et agriculteurs. Les seconds qui mènent une vie sédentaire vont devoir défendre par la force les produits de leurs récoltes et leur espace cultivé contre les pasteurs. Mais en raison de la précarité de leurs conditions de vie et des ravages fréquents causés par les troupeaux sur les terres cultivées, les agriculteurs émigrent vers d'autres régions. Il s'ensuit un éparpillement des hommes sur la terre.

L'état de barbarie est donc un état de discorde, de guerre entre les peuplades, les agriculteurs et les pasteurs. Cette opposition réelle est la conséquence d'une première division du travail et elle donne lieu à une séparation des

---

[74] L'expression n'est pas dans le texte de Kant, mais l'idée s'y trouve clairement.

deux parties antagoniques. Mais cette discorde, comme le signale Kant, est le prélude à l'union dans le cadre des sociétés. Autrement dit, la période suivante de civilisation est contenue en germe dans la phase barbare tout comme d'ailleurs cette dernière était contenue en germe dans l'état d'innocence.

Première conclusion : l'opposition réelle initiale, présente en chaque individu, entre l'instinct naturel et l'instinct divin (conscience ou raison) conduit à une opposition réelle parmi les hommes, entre agriculteurs et pasteurs.

Deuxièmement, l'état de barbarie (état de guerre et de connaissance technique) est la négation de l'état d'innocence (état de paix et d'ignorance). L'état de barbarie est bien un état social mais pas encore une société, au sens fort du terme, c'est-à-dire une communauté organisée de personnes, établie solidement et pouvant se défendre contre des dangers extérieurs. Au stade de la barbarie comme à l'état d'innocence, la notion de révolution est un non-sens. Non seulement la révolution contre une légalité instituée est inconcevable à l'état de nature, mais c'est plutôt la légalité de la nature (loi de l'opposition réelle) qui entraîne les guerres barbares.

Puisque la question de la révolution ne se pose donc pas à l'état de nature, voyons si elle se pose à l'état suivant.

I - 2 - 3 Le passage à l'état de culture

Suite à l'épreuve de la séparation entre sédentaires (agriculteurs) et nomades (pasteurs), les premiers élisent domicile en un autre lieu de la terre. Ils occupent donc le sol pour la seconde fois. Cette seconde occupation, contrairement à la première, n'est pas le produit d'une liberté « sauvage et déréglée » ou « anarchique » puisqu'elle est le fait d'une communauté de personnes unies contre un même ennemi, le nomade. D'où le rassemblement des agriculteurs en « agglomérations » (au sens propre) ou dans les « villages » (sens impropre), un rassemblement qui se présente comme une nécessité vitale ayant pour fin « la protection de la propriété contre les chasseurs sauvages ou les hordes de bergers errants ». C'est à ce moment-là que le contrat social[75] est sans doute établi pour préserver la propriété à l'intérieur de l'agglomération de toute contrainte unilatérale qui serait donc injuste.

Sur le plan historique, le fait engendre nécessairement le contrat, c'est-à-dire le droit (le droit privé sous sa seconde forme, celle du droit personnel[76]. Plus justement, l'établissement du contrat est précédé de l'échange des premiers besoins d'existence, échange qui donne naissance à la culture et aux arts, arts d'agrément et beaux-arts. Il est très important de noter la différenciation du travail productif agricole en travail artisanal et artistique. Nous assistons en effet ici à ce que nous appellerons la « seconde division du travail ».

La seconde division du travail, subséquente à l'échange, se ramène en fait à une opposition réelle entre travail productif et travail improductif. Le premier assure les moyens de subsistance, le second apparaît comme superflu par rapport à la satisfaction des besoins d'existence. Il faut donc voir le contrat comme le produit de cette opposition réelle. En effet, Kant fait remarquer que « les premiers rudiments de la constitution civile et de la justice

[75] Bien que le contrat n'intéresse Kant d'un point de vue éthico-juridique (comme nous le verrons) qu'en tant qu'idée de la raison, ou en tant que fil conducteur et non en tant qu'accord historique situé et daté entre les membres d'une société, il n'est « sans doute » pas faux de situer le contrat au seuil de l'état de civilisation. C'est du moins l'implication logique qu'une lecture des textes de Kant découvre par recoupement du droit et de l'histoire.

[76] *Supra*, I - 1.

publique »Ò apparaissent à la suite de cette « division du travail », en même temps qu'une « puissance légale pour régler les violences les plus graves ». Et il ajoute qu'il s'agit là d' « une sorte de gouvernement ».

En conclusion, le passage de l'état de barbarie à l'état de culture est rendu possible par l'opposition réelle ou la première division du travail entre bergers et agriculteurs et l'institution de la civilisation, dotée d'un gouvernement ; par une seconde opposition réelle (ou seconde division du travail) entre l'agriculture et l'artisanat. On peut donc dire que Kant reconnaît implicitement que le moteur de l'histoire de l'humanité est l'opposition réelle. La loi de l'opposition réelle opère en gros à deux niveaux : au niveau de l'individu, elle commande et explique le conflit entre la nature et la raison ; au niveau de l'espèce, elle commande et explique le conflit entre l'état de barbarie et l'état d'innocence, puis au sein de la barbarie, le conflit entre pasteurs et agriculteurs, puis le conflit entre l'agriculture et l'artisanat et finalement l'opposition entre la culture (où l'on voit les deux peuplades se mélanger) et la nature (barbarie).

La légalité de la nature repose donc sur la loi de l'opposition réelle qui opère au niveau de l'individu et de l'espèce.

C'est en vertu de cette légalité de la nature que l'état d'innocence développe les prémisses de la moralité, de la sociabilité et de la socialité. C'est en vertu de cette même légalité que se développe la socialité à l'état de la barbarie et qu'est institué le droit. Le droit apparaît donc dans les *Conjectures* comme le résultat d'un processus historique. C'est le fait accompli (la possession de la terre) défendu par la force qui fonde le droit (privé).

Parallèlement, nous voyons que la question du droit de révolution n'a lieu de se poser ni à l'état de nature, ni à l'état de culture, dans ses débuts au moins. Et non seulement un « droit » de révolution n'est pas pensable à ces deux stades de l'histoire, mais pas même l'idée de révolution. Les conditions de la révolution qui consiste à renverser un régime déterminé pour lui substituer un autre sont créées par l'histoire. Or, ces conditions ne sont pas encore réunies au début de l'état de civilisation où nous nous sommes arrêtés. De même, une révolution s'accompagne d'un renversement du droit établi. Or, nous sommes actuellement à l'étape de l'apparition du droit sur la terre.

Toutefois, n'entrevoyons-nous pas déjà un aspect important du problème du droit de révolution ? Puisque la légalité de la nature (légalité historique factuelle) fonde le droit, pourquoi la même légalité dans la suite de l'histoire ne fonderait-elle pas le renversement (par la révolution) du droit originaire ? Mais peut-être le problème se pose-t-il différemment sous l'angle du deuxième type de légalité, la légalité naturelle ?

II - LÉGALITÉ NATURELLE (DE LA RAISON DANS L'HISTOIRE) ET DROIT DE RÉVOLUTION

Remarques préliminaires et lecture n°2

Comme nous venons de le voir, la légalité de la nature se partage entre la légalité de la nature humaine au niveau de l'individu et la légalité de la nature humaine au niveau de l'espèce. Nous pouvons préciser à présent que la nature humaine au premier sens du terme fait l'objet de ce que nous appellerons une anthropologie naturelle et que la nature humaine prise au second sens fait l'objet d'une anthropologie culturelle. L'anthropologie naturelle étudie essentiellement la loi de l'opposition réelle (l'insociable sociabilité) qui constitue l'essence de la nature humaine individuelle. L'anthropologie culturelle s'occupe surtout de la loi de l'opposition réelle entre la nature et la culture au niveau de l'espèce. Nous avons donc deux types d'anthropologie pour deux oppositions réelles spécifiques. Par la suite, nous verrons à quels nouveaux types d'anthropologie se rapportent de nouvelles oppositions réelles mises à jour.

La première opposition réelle au sein de l'individu trouve sa solution comme on le sait dans l'espèce et en particulier grâce à l'institution du droit personnel qui implique le contrat social. Or, le contrat social est l'expression de l'impératif catégorique d'une part, mais de l'autre, il nécessite un chef pour garantir son application. Il en résulte une nouvelle opposition entre la loi morale qui s'impose à la raison universelle et l'autorité du chef. Dès lors, on peut dire que cette nouvelle opposition fait l'objet d'une anthropologie sociale.

L'état de nature, dès l'étape du droit personnel, contient donc en germe l'opposition principale qui caractérisera l'état civil : il s'agit de l'opposition entre la loi morale (de la raison) et la loi juridique (de la cité) ou encore, du côté des gouvernés, entre le sujet moral et le citoyen. En effet, l'institution d'un régime dirigé par un chef, si elle résout l'opposition entre la nature et la culture par l'unification politique de l'espèce humaine, donne naissance par ailleurs à une opposition nécessaire entre deux sortes de commandements ou deux sortes de sujets. De sorte que la question se pose de savoir à qui revient le droit de commandement, à la loi morale ou à la loi du chef. De même, parallèlement, qui doit obéir, le sujet moral ou le citoyen ? Mais objectera-t-on, du moment que le contrat social est fondé sur l'impératif catégorique et que le chef est censé défendre le contrat, le même chef ne représente-t-il donc pas la loi morale et obéir au chef et à la loi morale ne sont-ils pas une seule et même chose ? Parallèlement, le citoyen, en obéissant à son chef, n'obéit-il pas du même coup à la loi morale ?

En fait, admettre un tel raisonnement, c'est reconnaître que l'existence du chef fonde l'existence du droit et de la morale. Or, on sait que Kant rejette cette conception et que pour lui, au contraire, c'est la loi morale qui doit déterminer le droit et le droit, la politique. Mais ce rapport de détermination reste lui-même théorique tandis que sur le plan de l'existence, c'est la politique qui détermine le droit et le droit la morale. En réalité, Kant n'ignore pas la difficulté du problème et voici comment il le pose.

Dans l'essai *Vers la paix perpétuelle,* il écrit : « Il ne peut y avoir de conflit entre la politique, en tant qu'elle est la pratique du droit et la morale en tant qu'elle en est la théorie[77] ». L'opposition précédente entre le sujet moral et le citoyen se transforme en opposition entre la théorie et pratique. Kant reconnaît d'ailleurs plus loin[78] qu'objectivement[79], c'est-à-dire en théorie, il n'y a pas de

---

[77] KANT (1795) p. 133.

[78] *Ibid.*, p. 153.

[79] Ce qui est objectif, pour Kant, se situe en règle générale, comme la théorie, du côté de la raison.

conflit entre la morale et la politique mais que subjectivement (en fait), il y en a un. Autrement dit, le problème de la relation de la morale à la politique est pratique et non théorique. Et il semble que Kant le laisse en suspens. Or, ce problème est d'une importance capitale pour nous pour deux raisons.

Si – toujours eu égard à l'opposition principale entre la théorie et la pratique, ou entre le sujet moral et le citoyen – c'est la pratique ou le citoyen qui en est le principal aspect, le problème de la relation du citoyen au chef devient essentiellement un problème pratique ou encore politique. Partant, si les citoyens estiment que le chef n'est plus digne de représenter la volonté générale, ou de faire respecter le contrat, ils ont le droit de l'écarter du pouvoir d'une manière ou d'une autre et même par la révolution si ce dernier refuse d'abandonner sa place de chef et se maintient par la force.

Si, au contraire, c'est la théorie ou le sujet moral qui est le principal aspect de notre opposition, puisque le sujet doit obéissance absolue à l'impératif catégorique et que le souverain est censé incarner la loi morale, tout droit de révolution est une contradiction.

Étudions précisément les deux termes de l'opposition sujet-citoyen et voyons comment Kant la considère et peut-être la résout. Nous procéderons de la même manière que lorsque nous devions traiter de la légalité de la nature et de l'état de guerre, c'est-à-dire que nous examinerons la question de la légalité naturelle (de la raison dans l'histoire) et du droit de révolution - car il s'agit bien de la raison et de l'histoire, ou de l'homme (le sujet moral) et du citoyen, etc. – à travers les catégories de la quantité, de la qualité, de la relation et de la modalité. Ici également, nous formulons l'hypothèse selon laquelle dans chacune des neuf propositions qui figurent dans l'*Idée d'une His-*

toire Universelle au point de vue cosmopolitique[80], se trouve un terme principal subsumable sous chacun des concepts de la table transcendantale des concepts purs de l'entendement[81]. Quant à la modalité enfin, le concept qui se rapporte à l'état civil qui fait suite à l'état de nature est le concept d'existence et le jugement qui lui correspond, l'assertorique. L'état civil en effet, par opposition à l'état de nature (qui est un état possible pour Kant) est bien un état existant qu'on reconnaît vraiment en fait, puisque c'est celui dans lequel les hommes vivent. Voici la lecture n° 2 que nous obtenons.

Dans la catégorie de la quantité, on peut ranger successivement : sous le concept d'unité, le sujet moral en tant que fin et l'« homme partie », en tant que moyen ; sous le concept de pluralité, tous les sujets-citoyens ; les citoyens (actifs et passifs) ; sous le concept de totalité, le droit public (droit politique) qui concerne l'État-substance et l'État-totalité.

Dans la catégorie de la qualité, nous pouvons classer : sous le concept de réalité, l'antagonisme entre la nature et la raison ; sous le concept de négation, la contrainte exercée par la nature sur la raison, puis la raison niant à son tour la nature, dans le contrat social ; sous le concept de limitation, se situe le souverain juste, celui qui obéit à la loi.

Dans la catégorie de la relation, nous trouvons : sous le concept de substance, la constitution civile, l'État-substance et l'État-totalité ; sous le concept de causalité s'inscrit la finalité naturelle (*Naturzweck*) qui peut se subdiviser en téléologie pure et téléologie empirique ; sous le concept de communauté ou d'action réciproque, se range

[80] KANT (1784[a1]).

[81] Ou table des catégories, dans KANT (1781), livre I, *Analytique des Concepts*, chap. I (*Du fil conducteur qui sert à découvrir tous les concepts purs de l'entendement*), 3ème section, p. 111.

l'idée d'unification politique de l'espèce humaine. Celle-ci marque le passage de l'état civil à l'état cosmopolitique.

Nous déduisons de ce qui précède que selon la catégorie de modalité, qui n'est pas formulée dans l'*Idée d'une histoire universelle,* l'idée d'état civil s'énonce au moyen d'un concept d'existence et que le jugement qui s'y rattache est un jugement assertorique.

Développons les termes de cette classification. L'antagonisme (nature-raison) au sein de la nature humaine qui ne fait qu'exprimer la lutte entre les mobiles sensibles et les motifs rationnels au-dessus desquels la loi morale représente le principal motif, aboutit le plus souvent, sur le plan de la collectivité, au triomphe des mobiles. Dans l'*Anthropologie du point de vue pragmatique*[82]*,* ce sont les passions qui expriment le mieux cet antagonisme. Les passions, écrit Kant, sont une gangrène pour la raison pure pratique. La passion est une tendance – c'est-à-dire un désir sensible servant de règle au sujet (habitude) – qui empêche que la raison ne la compare, pour faire un choix, avec la somme de toutes les tendances. Il existe deux sortes de passions : les passions innées ou naturelles qui sont au nombre de deux, la tendance à la liberté et la tendance à la reproduction ; deuxièmement, les passions acquises ou issues de la culture. Ce sont ces dernières qui nous intéressent ici. Ces passions acquises sont la manie du pouvoir, de l'honneur et de la possession. Sans entrer dans le détail de leur définition, nous pouvons dire que chacune d'elles vise à se mettre « au service de l'enchaînement de l'homme par l'homme ». Dans tous les cas, dit Kant, c'est une situation d'esclavage qui permet à un autre d'utiliser un homme, par l'intermédiaire de ses tendances, « pour ses propres fins à lui ». Ces trois passions sont à rapprocher des trois puissances de guerre qui

[82] KANT (1798[a]) : Première partie, *Didactique anthropologique*, p. 120 et suiv.

sont l'armée, les alliances et l'argent[83]. La manie du pouvoir ou de la domination qui agit sur les hommes par la crainte sert la première puissance de guerre ; la manie de l'honneur qui permet d'influer sur les personnes en utilisant leurs opinions sert la seconde ; enfin, la manie de la possession qui joue sur, les intérêts souvent en utilisant d'ailleurs l'argent, se met aussi au service de l'argent. Les passions sont donc des facteurs de guerre puissants qui entrent en opposition radicale avec la raison dans son principe formel.

Si l'on demande à présent pour quelles raisons ces passions ont barre sur l'homme, il suffit de bien considérer la nature humaine en son fond. À trois degrés différents, il apparaît que la nature humaine est fragile, impure et méchante[84]. C'est surtout au troisième degré que la possession entre en jeu parce qu'elle suppose bien sûr le premier degré et qu'elle est plus que la simple impureté du cœur. En effet, non seulement la maxime de l'action passionnée n'est pas purement morale, mais elle fait passer le motif de la loi morale après d'autres motifs ou mobiles éloignés de la morale. Ainsi, la mentalité du passionné s'en trouve-t-elle pervertie en sa racine, c'est-à-dire dans son intention morale. On voit que la lutte entre la nature humaine et la raison rejoint la lutte entre le penchant au mal et le principe du bien moral.

En opposition à l'homme pris comme partie d'un tout social, le sujet moral agit par devoir, c'est-à-dire qu'il règle son action sur l'impératif catégorique et « agit de telle sorte que la maxime de sa volonté puisse toujours valoir en même temps comme principe d'une législation universelle[85] ». La maxime universelle s'oppose à la parti-

---

[83] KANT (1795) p. 81.

[84] KANT (1793[a]) p. 49, 50

[85] KANT (1788) : livre I, *L'Analytique de la raison pure pratique*, chap. I, § 7 : *Loi fondamentale de la raison pure pratique*.

cularité de l'objet du penchant, de l'instinct, de l'inclination, de la tendance et encore plus de la passion. La maxime morale est d'origine rationnelle, les penchants sont d'origine sensible. Les fins de la première ou encore de la volonté sont objectives. Les fins des seconds passent par le désir et sont subjectives. Comme le dit Kant, la nature raisonnable existe comme fin en soi. La nature sensible au contraire ne peut exister que comme moyen. Par exemple, la raison utilise les mobiles à son profit ; elle nie ces derniers pour poser la loi morale comme unique objet d'un respect inconditionnel. On peut aussi, pour reprendre l'exemple des passions, utiliser les faiblesses d'autrui pour le dominer, mais on ne peut en faire autant avec la loi morale. C'est ce qui justifie l'impératif pratique selon lequel je dois «[agir de telle sorte que je traite l'humanité aussi bien dans ma personne que dans celle d'autrui toujours en même temps comme fin, jamais simplement comme moyen[86]] ». Cette formule a le mérite de condenser les deux aspects contradictoires de la nature humaine et en plus elle suggère la difficulté qui existe pour un sujet, peut-être même l'impossibilité radicale pour lui d'obéir dans la pratique inconditionnellement à la loi. C'est ce qui fait reconnaître à Kant qu'il n'existe parmi les hommes aucun acte purement moral. Les deux aspects contradictoires, ce sont bien sûr les inclinations ou la nature sensible d'une part, et de l'autre, la nature intelligible. Ensuite, si l'on souligne la locution « en même temps » et l'adverbe « simplement », on fait apparaître l'impossibilité radicale en question. L'impératif pratique ajoute à l'impératif catégorique deux choses, la dimension de l'intersubjectivité et, comme le fait remarquer Victor Delbos, la liberté de l'individu, dans son rapport à celle

[86] KANT (1785[a]) p 150,151

d'autrui : « l'homme, dans tout usage de sa personne, a le devoir et le droit de rester libre, [...] s'il sert ou s'il est servi, ce doit être sans être asservi ou sans tenter d'asservir ».

L'impératif pratique ne commande donc pas l'ascétisme mais bien une vie morale parmi les autres hommes. Il se formule dans le contexte de l'espèce, c'est-à-dire qu'il se présente comme la tentative de résoudre l'opposition réelle entre la nature et la raison ou entre l'homme social pris comme partie (moyen) et le sujet moral en tant que fin en soi. La condition de possibilité de l'expression de l'impératif pratique, c'est le contrat social. Nous avons vu en effet que le contrat social se fonde directement sur l'impératif catégorique[87]. Loin d'aliéner les libertés, le contrat les réalise et ce faisant, confère aux hommes la qualité de personnes. En tant que telles, celles-ci vont perdre certains acquis de l'état de nature mais elles vont en gagner d'autres à tel point que ce contrat social d'inspiration rousseauiste qui se présente moins comme un fait que comme une idée nécessaire de la raison s'impose moralement aux communautés humaines. Et de même que Rousseau fait passer par pertes et profits le passage de l'état de nature à l'état civil au chapitre 8 du livre I du *Contrat social* (1762), au moyen du contrat social, Kant met l'accent au paragraphe 47 de sa *Doctrine du droit* sur la liberté. En effet, par ce contrat qu'il qualifie d'originaire, pour en souligner deux choses, la première qu'il s'agit d'une idée pure rationnelle à l'origine de la constitution du peuple en Etat, la seconde que cette idée est fondatrice de manière apodictique d'une légalité juridique, Kant montre la liaison indissociable entre **le** contrat originaire, l'État et la liberté : « l'Idée de cet acte, d'après laquelle seule sa légalité peut être pensée, est le contrat originaire d'après lequel tous (*omnes et singuli)* au sein du

[87] *Supra*, Première partie, Légalité de la nature et état de guerre, § I. 1.

peuple renoncent à leur liberté extérieure pour la recouvrer aussitôt en tant que membres d'une république, c'est-à-dire du peuple considéré comme État[88] ».

Le contrat social semble ainsi réaliser la synthèse entre le sujet moral et le citoyen, entre la loi morale inscrite en chaque sujet et la légalité juridique imposée par l'État. Cette dernière, mieux d'ailleurs qu'une imposition, est l'expression de la volonté générale : « on appelle cette loi fondamentale qui ne peut prendre sa source que dans la volonté générale (unie) du peuple, le contrat originaire[89].

La volonté générale invoquée par Kant à la suite de Rousseau ne désigne pas la volonté de tous, c'est-à-dire la somme arithmétique des volontés particulières ; elle ne paraît pas désigner non plus, selon la définition de Rousseau, la somme algébrique des mêmes volontés. Désigne-t-elle comme chez l'auteur du *Contrat social* cette aspiration collective au bien ou à l'intérêt commun que la loi instituée démocratiquement est censée représenter ? On peut dire qu'elle va dans le même sens, lorsqu'on se réfère au paragraphe 46 de la seconde partie de la *Doctrine du droit* : « Seule la volonté concordante et unie de tous, en tant que chacun décide la même chose pour tous et tous la même chose pour chacun, par conséquent seule la volonté universellement unifiée du peuple peut donc être législatrice[90] ». L'idée de « volonté générale », selon Rousseau est bien présente dans ce paragraphe dans la mesure où elle implique la liberté légale, l'égalité civile (ou juridique), la notion de citoyenneté définie par la « capacité de voter » (*sic*) et l'indépendance du citoyen comme « membre de la république ». Certes, Kant plus spécifiquement que Rousseau insiste sur l'aspect transcendantal de l'idée de volonté, comme celle de contrat social, en tant

[88] KANT (1796-1797) : § 47, p. 131.
[89] KANT (1793^{b}) p. 36.
[90] KANT (1796-1797) p. 129.

qu'idées pures de la raison, en liaison avec l'impératif catégorique, mais on peut considérer que tous deux conduisent à la même idée selon laquelle la volonté de tout le peuple et la volonté de chaque sujet s'identifient en tant qu'exigences de la loi morale. « Le *contractus originarius* (anhistorique) n'est donc pas le principe qui permet de connaître l'origine de l'État (*status civilis*), mais comment il doit être ». Le contrat social est la règle « et non pas l'origine de la constitution de l'État ; il n'est pas le principe de sa fondation, mais celui de son administration et il éclaire l'idéal de la législation, du gouvernement et de la justice publique[91] ».

Comme nous le voyons, le contrat social selon Kant est anhistorique, il marque le devoir-être, éclaire un idéal, représente une règle ou un « étalon infaillible » qui permet de vérifier l'accord de la loi avec le principe du droit[92]. Mais alors comment concilier cette conception anhistorique du contrat dans la *Doctrine du droit* ou dans *Théorie et pratique* et la conception des *Conjectures sur les débuts de l'histoire de l'humanité,* selon laquelle le droit (notamment le droit personnel, c'est-à-dire le contrat) est le résultat d'un processus historique ? À première vue, cette contradiction entre les deux conceptions kantiennes du contrat est insoluble. Si elle le demeure, elle ne manquera pas de se répercuter aux niveaux de la définition du citoyen, du souverain, de l'État, comme nous allons tenter de le découvrir.

À la suite de la définition du contrat originaire, nous sommes donc obligés de faire une réserve à propos de ce que nous affirmions un peu plus haut, à savoir que le contrat originaire réalise bien la synthèse entre le sujet moral et le citoyen, mais seulement pour le moment, dans le con-

---

[91] KANT (1793[b]) p. 86, note 59.
[92] *Ibid.*, p. 41.

texte du devoir-être ou de la « simple idée de la raison[93] ». Voyons à présent si cette synthèse s'effectue réellement, c'est-à-dire dans le citoyen, le souverain, puis dans l'État.

II - 1 Le citoyen, le souverain, l'État

II - 1 - 1 Le citoyen

Par la loi du 22 Décembre 1789, l'Assemblée constituante en France n'accorda le droit de suffrage qu'aux possédants. Les citoyens furent répartis en trois catégories, selon la nomenclature de Sieyès : les citoyens passifs, les citoyens actifs et les électeurs[94].

Dans la *Doctrine du droit*[95], Kant reprend cette tripartition ou distingue du moins le citoyen actif du citoyen passif. La faculté de donner un suffrage, lit-on dans cet ouvrage, constitue seule la qualité de citoyen. Le citoyen est non seulement partie de la république mais membre, c'est-à-dire qu'il agit par sa propre volonté en communauté avec les autres. Le citoyen est donc actif par définition, par opposition au terme de « partie ». C'est ce qui fait que le concept de citoyen passif « semble entrer en contradiction avec la définition du citoyen en général[96] ». Cependant, cette distinction est rendue nécessaire aux yeux de Kant comme aux yeux de Sieyès par l'état social des choses, c'est-à-dire la propriété. La propriété, que ce soit par l'« habileté » qu'on l'obtienne, le « talent artistique » ou la « science », confère à l'homme la maîtrise de lui-même. Est maître de lui-même celui qui est capable de vendre son œuvre (*opus*) sienne pour pourvoir à son entre-

[93] KANT (1793[b]) p. 210.
[94] SOBOUL (1962) p. 209, 210.
[95] KANT (1796-1797) : § 46, p.129, 130.
[96] *Ibid.*, § 46, p. 129.

tien et pour gagner sa vie ; ne l'est pas celui qui, au lieu d'être au service de la république (chose publique), se met au service d'une autre personne en lui vendant sa force de travail. Le citoyen de l'État seul a le droit de concourir à l'établissement de certaines lois (conformes aux lois de la liberté et de l'égalité naturelles), contrairement au citoyen passif qui « ne possède aucune indépendance civile », du fait qu'il « doit nécessairement recevoir les ordres ou être placé sous la tutelle d'autres individus[97] ». En tant que tel, le citoyen passif doit se contenter d'être un « protégé » ou un simple « associé de l'État ».

D'après cette définition du citoyen, sont exclus du droit à la citoyenneté les manœuvres, le « garçon employé par un marchand ou par un artisan, le serviteur [domestique], le mineur (*naturaliter vel civiliter*) » et même « toutes les femmes », « les bûcherons, le précepteur (non le maître d'école), le métayer (non le fermier) », etc., en somme tous ceux qui ne peuvent entretenir leur existence par leur propre activité. En France, trois millions de personnes furent ainsi écartées de la citoyenneté. Ceci, simplement pour montrer les implications historiques d'une telle définition, définition qui ne manqua pas de faire hurler Camille Desmoulins : « Mais que voulez-vous dire avec ce mot de citoyen actif tant répété ? Les citoyens actifs sont ceux qui ont pris la Bastille, ce sont ceux qui défrichent les champs, tandis que les fainéants du Clergé et de la Cour, malgré l'immensité de leurs domaines, ne sont que des plantes végétales pareilles à cet arbre de votre Évangile, qui ne porte point de fruits et qu'il faut jeter au feu ». Les citoyens passifs étant exclus du droit électoral, restent les citoyens actifs et les électeurs qui bénéficient eux du droit d'élire les députés. Or, les premiers, pour prendre l'exemple de la France, payaient au minimum une contribution directe égale à la valeur locale de trois journées de

[97] *Ibid.*, p. 130.

travail, c'est-à-dire d'une livre et demie à trois livres ; les seconds payaient une contribution égale à la valeur locale de dix journées de travail, soit de cinq à dix livres. Il va sans dire qu'il était impossible à un grand nombre de paysans en 1789 d'avancer de telles sommes et d'accéder au simple titre de citoyens actifs. C'est pourquoi, lorsque Kant affirme que « c'est seulement de la capacité, de l'activité et de la chance de chaque membre de la république qu'il faut faire dépendre la possibilité pour tous d'acquérir le tout et pour chacun d'en acquérir une partie[98] », cette affirmation relève plutôt d'un impératif hypothétique que d'un impératif catégorique. On pourrait l'énoncer ainsi à chaque citoyen passif : si tu veux devenir citoyen actif, développe tes capacités, utilise les moyens que celles-ci te réclament. Comme cet impératif renferme des règles de l'habileté, on pourrait l'appeler technique et comme il tend vers un but plutôt possible que réel, on peut dire qu'il relève d'un jugement problématique et non assertorique. D'autre part, sur le plan historique proprement dit, force est de reconnaître que ce qui empêche les non-possédants d'accéder à la citoyenneté active ou au titre d'électeur, ce n'est ni leur capacité, ni leur activité ou encore leur chance, pour reprendre les termes de Kant, mais le fait qu'ils ne soient pas propriétaires. Moyennant quoi l'impératif hypothétique prend la forme suivante et devient plus problématique que jamais : « si tu veux devenir citoyen actif, deviens d'abord propriétaire ». Comme le fait remarquer Albert Soboul, « à l'aristocratie de naissance, le système électoral censitaire à deux degrés faisait succéder l'aristocratie d'argent. Le peuple était éliminé de la vie politique[99] ».

Kant emprunte donc à l'histoire la notion de citoyenneté passive. Ce faisant, il ne peut éviter la contradiction

[98] KANT (1793^b) p. 38.
[99] SOBOUL (1962) p. 210.

qu'une telle notion renferme. Dès lors, il ne peut éviter non plus la coupure entre la morale et la politique. En effet, il ne refuse pas aux gens du peuple la faculté morale. Bien au contraire, on sait que pour lui, la loi morale commande à tout être humain sans aucune discrimination, sans distinguer entre le simple manœuvre et le prince. Mais il refuse en fait implicitement au peuple l'accession à la vie politique. L'opposition réelle entre le contrat social originaire et le contrat social historique se retrouve donc entre le sujet moral et le citoyen de la république. Pour revenir aux deux hypothèses fondamentales formulées plus haut[100], sommes-nous en mesure d'indiquer l'aspect principal de cette opposition entre sujet moral et citoyen et pouvons-nous en déduire l'accord ou le refus par Kant du droit de révolution ? Il semble qu'une telle réponse ne soit pas possible parce que les deux termes s'équilibrent. S'ils restent en opposition, ils le sont à distance car entre eux persiste une coupure infranchissable. En effet, ce n'est pas pour des raisons historiques que le sujet moral serait l'aspect principal ni pour des raisons morales que le citoyen serait l'aspect secondaire. C'est pour des raisons morales que le sujet est ce qu'il est, c'est-à-dire une conscience libre qui accepte l'autorité de la loi et pour des raisons historiques que le citoyen passif doit obéir aux lois publiques sans contribuer à leur établissement. La morale et la politique restent séparées au niveau du seul citoyen. Est-ce que devant la définition du souverain, ces deux domaines s'interpénétreront et du citoyen ou du sujet, lequel constituera l'aspect principal ? Quelles conclusions pourrons-nous en tirer quant au droit de révolution ?

---

[100] *Supra*, IIème partie, Remarques préliminaires.

II – 1 - 2 Le souverain.

Il nous a déjà été donné de rencontrer le problème du chef[101]. Nous avons vu que le chef a pour fonction de faire respecter le contrat social et que ce faisant, il marque le passage de l'état de nature à l'état civil. Il s'agit d'envisager ici le rapport du citoyen au souverain et de montrer à partir de ce qui définit le mieux le souverain, soit l'aspect moral, soit l'aspect de la personne sociale et juridique chargée de faire appliquer les lois publiques, comment se définit à son tour le citoyen et comment dans le rapport d'une définition à l'autre se pose la question du droit de révolution.

L'article 3 de la *Déclaration des Droits de l'Homme et du Citoyen* du 26 Août 1789 stipule que « le principe de toute souveraineté réside essentiellement dans la Nation. Nul corps, nul individu ne peut exercer d'autorité qui n'en émane expressément ». Dans la Constitution du 3 Septembre 1791 (Art. 1, titre 3 : des pouvoirs publics), il est écrit que « la souveraineté est une, indivisible, inaliénable et imprescriptible. Elle appartient à la Nation ; aucune section du peuple, ni aucun individu ne peut s'en attribuer l'exercice ». Dans la *Déclaration des Droits de l'Homme* de la Constitution du 24 Juin 1793, l'article 25 précise que « la souveraineté réside dans le peuple ». Enfin, l'article 17 de la *Déclaration des Droits de l'Homme* de la Constitution du 5 Fructidor an III (22 Août 1795) indique que la souveraineté réside essentiellement dans l'universalité des citoyens.

On note une évolution sensible de la notion de souveraineté. Celle-ci s'identifie d'abord à la nation, puis au peuple et pour finir à l'universalité des citoyens. Il faut noter que c'est le peuple qui définit avec le plus de préci-

[101] *Supra*, Première partie, Légalité de la nature et état de guerre, § I - 1 Le droit personnel.

sion la souveraineté (la nation et l'universalité des citoyens ayant une trop large extension) et ce, au moment de l'institution du gouvernement révolutionnaire en France, après l'insurrection jacobine du 26 mai 1793 qui entraîna la chute de la Gironde et l'accession au pouvoir de la sans-culotterie.

Pour Kant, le peuple n'est aucunement souverain, pas plus d'ailleurs que la nation ou l'universalité des citoyens. Le souverain, c'est tantôt le chef de l'État, tantôt « l'idée de la société tout entière[102] ». « Le souverain est le représentant de l'État et l'État est le maitre absolu[103] », le maître de tout et par conséquent de chaque membre. Le souverain agit en accord avec la volonté générale. Il n'est responsable devant aucun homme mais seulement devant l'unique maître absolu de la nature[104], c'est-à-dire Dieu.

La fonction du souverain est de produire et de répartir tout le bien possible selon des lois publiques[105]. En ce sens, le souverain est le premier administrateur de l'État. Mais si l'on demande qui donne les lois, Kant répond qu'il s'agit du véritable souverain, instance transcendante : « le souverain qui donne [les lois] est en quelque sorte invisible ; il n'est pas agent, il est la loi même personnifiée ». Nous passons ainsi de la première définition du souverain à la seconde.

Du véritable souverain se distingue le chef de l'État qui porte alors le titre de gracieux seigneur. « Le vrai souverain de l'État, écrit Kant dans les *Réflexions*[106], c'est l'idée de la société tout entière et celui qui de ce fait lui procure le pouvoir, Dieu, c'est-à-dire celui qui réalise et personnifie cette Idée ».

---

[102] KANT (1793^b) p. 84, note 50.
[103] *Ibid.*
[104] *Ibid.*
[105] KANT (1793^b) p. 35.
[106] KANT (1793^b) p. 84, note 50.

Plutôt que deux définitions du souverain, nous avons donc deux aspects d'une même définition : l'aspect idéel et l'aspect empirique. Le second dépend du premier. Le gracieux seigneur - et l'adjectif qui qualifie le « seigneur » chef d'État doit être pris au sens fort de celui qui a reçu la grâce divine de commander - doit réaliser l'idée de la société tout entière qu'il représente (au sens de représentation sensible). Entre l'idée et sa représentation sensible se tient Dieu. Dieu réalise l'idée, il fait passer l'idée dans une personne. Dans cette occurrence, on peut dire que Dieu est le schéma transcendantal de l'idée, de même que dans *l'Analytique des Principes* de la *Critique de la raison pure*, le schéma transcendantal des concepts sensibles des figures de l'espace (plutôt que le schéma d'un concept pur de l'entendement qui désigne quelque chose qui ne peut être ramené à une image) est la médiation nécessaire entre le concept sensible et l'image.

Le schématisme transcendantal de l'idée de la société tout entière, si l'on accepte cette analogie avec le schématisme transcendantal de la *Critique*, est d'une plus grande complexité qui relève du mystère. Il fait en effet intervenir une volonté supérieure qui détermine ce qui doit être, c'est-à-dire le droit. Kant reconnaît que dans le cas de l'idée, « ce qui est premier se laisse aussi peu concevoir que dans l'ontologie[107] » et que « ici réside toute la difficulté, comme en métaphysique à propos de l'absolument nécessaire[108] » ou que « l'origine du pouvoir suprême est, pour le peuple qui s'y trouve soumis, une chose *impénétrable* (*inexplorable*, selon la traduction d'Alain Renaut) au point de vue pratique[109] ».

[107] KANT (1793[b]) p. 83, note 45.
[108] *Ibid.*
[109] KANT (1796-1797) : *Remarque générale sur les effets juridiques résultant de la nature de l'union civile*, § A, p. 134.

La conséquence du schématisme transcendantal de l'idée de la société tout entière est que le chef de l'État détient les pleins pouvoirs et représente dans l'état civil une autorité irrésistible. Le chef de l'État a donc un statut social tout à fait différent du citoyen. Il est placé plus haut que tous les citoyens de l'État qui lui sont soumis. Les citoyens doivent obéir au chef suprême (régent, roi, prince[110]) et, en lui obéissant, ils se soumettent en même temps à l'idée de la société tout entière, c'est-à-dire en dernière analyse à Dieu. Monarchie absolue de droit divin ? Pas nécessairement « absolue » si l'on identifie par là le monarque au despote, et l'on sait que Kant dénonce le despotisme comme étant la réunion dans une seule et même personne du pouvoir législatif et du pouvoir exécutif (début du § 49 de la *Doctrine du droit),* mais au moins une monarchie de droit divin, puisque « toute autorité vient de Dieu », comme le rappelle l'auteur au § 49 précité. Kant reprend donc ici implicitement à son compte la vieille formule de l'Église, *a Deo per homines*, le pouvoir vient de Dieu par les hommes ou encore, plus ancienne encore, la sentence de Saint Paul comme le suggère Alain Renaut, « *Non est potestas nisi a Deo* ». C'est pourquoi les citoyens n'ont pas à discuter de l'origine du pouvoir étatique parce que s'ils en viennent à le contester, c'est Dieu lui-même qu'ils remettent en question. En effet, dans ce cas, ils se substituent à la représentation sensible de l'idée déjà existante en la personne du chef de l'État. Cette usur-

[110] Le souverain du peuple (détenteur du pouvoir législatif) est bien distinct du régent : le régent (roi, prince) est soumis à la loi, non le souverain qui représente la loi. Le souverain peut retirer au régent son pouvoir, « le déposer ou réformer son administration, mais il ne peut le punir », car il serait contradictoire que le régent qui détient le pouvoir exécutif et qui a le droit de contraindre (au sens de punir) pût lui-même être contraint, cf. KANT (1796-1797) : II, § 49. *N. B.* La complexité du terme de souverain et même son ambiguïté sont soulignées à juste raison par Alain Renaut dans sa note 91, p. 387.

pation de fonction est la négation du schématisme transcendantal de l'idée et avec lui, l'idée elle-même. Lorsque Kant écrit dans la *Doctrine du droit,* en substance, que pour avoir le droit de juger le pouvoir suprême, il faut que le peuple ait déjà le caractère d'une association établie sous une volonté législative générale, il faut comprendre que le peuple ne figurant pas dans le schématisme transcendantal de l'idée de la société tout entière, il est exclu du droit de se prononcer sur ce schématisme. Il est aisé de voir dans ces conditions que tout droit de révolution est refusé par Kant, pas même « un droit de sédition, encore moins de rébellion[111] ».

Ce qui définit le mieux le « Souverain d'un État », puisque désormais, il faut associer (sans toutefois l'identifier) l'idée de souveraineté à celle de chef d'État, c'est donc la place privilégiée qu'il occupe dans le schématisme transcendantal de l'idée. Mission lui est ainsi confiée de faire respecter et de défendre l'ordre législatif, synonyme de l'ordre moral. Le souverain apparaît comme le dépositaire de la loi morale. Ce qui ne veut pas dire qu'il est lui-même un être purement moral. En fait, il n'obéit pas toujours à la loi selon l'esprit ni même selon la lettre. C'est le cas en l'occurrence de Frédéric II qui en 1741 écrit à son ministre Podevils, à propos de l'Autriche et de la France : « S'il y a à gagner à être honnête, nous le serons ; s'il faut duper, soyons donc fourbe ». Rien de plus contraire à une action en vue de la loi morale, ni même conforme à la loi. En 1746, Frédéric II n'a pas changé sa manière de penser et de gouverner. Dans l'*Histoire de mon temps*, il écrit : « Dès que [le souverain] aperçoit un danger pour [ses peuples] dans un traité, il doit [...] le violer à regret, mais sans hésiter ». Kant ne méconnaissait pas le despote, « éclairé », mais despote tout de même. L'auteur de *Théorie et pratique* affirme qu'il n'est pas

[111] *Ibid.*, p. 137.

question de considérer le souverain comme un être infaillible ou omniscient car « ce serait le représenter comme un être gratifié d'inspirations divines et supérieur à l'humanité[112] ».

Le souverain est donc pour Kant un concept qui contient deux aspects : l'aspect moral et l'aspect social. Mais c'est le premier aspect qui prévaut en raison de la place privilégiée qu'occupe le souverain dans le schématisme transcendantal de l'idée de la société tout entière. Ce schématisme indique en effet l'articulation du politique sur la morale ou l'introduction de la morale dans la sphère du droit et en conséquence dans la sphère de la politique. Ce déséquilibre entre l'aspect moral et l'aspect social (ou empirique) du souverain rejaillit logiquement sur le double aspect du citoyen et entraîne la prédominance chez le citoyen de l'aspect empirique sur l'aspect moral. En effet, selon une première hypothèse, si le déséquilibre au niveau du souverain avait pour conséquence la prédominance chez le citoyen de l'aspect moral, il y aurait une parfaite concordance entre l'aspect moral dans le souverain et l'aspect moral dans le citoyen ; mais alors un tel déséquilibre ne se justifierait pas ou serait absurde. Selon une seconde hypothèse, le déséquilibre dans le souverain produit un déséquilibre inverse dans le citoyen. On trouve alors une raison au premier déséquilibre et une raison au second : ils se justifient l'un par l'autre. En conclusion, c'est la seconde hypothèse qui doit être retenue. Donc l'aspect moral, prédominant sur l'aspect social chez le souverain, cela entraîne une prédominance de l'aspect social sur l'aspect moral chez le citoyen.

Pour rendre plus intelligible le rapport entre les deux aspects en opposition aussi bien chez le citoyen que chez le souverain, nous proposons le schéma suivant que nous appellerons « schéma de la double balance ». Imaginons

---

[112] KANT (1793[b]) p. 47.

deux balances reliées par un axe transversal, sorte d'essieu qui joint la partie centrale de chacun des deux fléaux, de sorte que les deux balances sont solidaires l'une de l'autre et fonctionnent simultanément. La première balance est celle du souverain, la seconde celle du citoyen. Du mouvement de la première (équilibre ou déséquilibre) dépend le mouvement de la seconde, puisque le souverain est censé diriger les opérations au sein de son État. Appelons am l'aspect moral et as l'aspect social chez le souverain ; a'm' et a's' les mêmes aspects chez le citoyen.

Nous voulons vérifier la seconde hypothèse formulée ci-dessus, c'est-à-dire montrer que les deux aspects sont bien en opposition aussi bien chez le citoyen que chez le souverain dans leur personne empirique respective et qu'ils sont nécessairement inversés chez le souverain et chez le citoyen pour que le but du souverain puisse se réaliser, à savoir trouver l'équilibre entre l'aspect moral (am) et l'aspect social (as), afin que le citoyen puisse lui-même équilibrer sa propre balance.

SCHÉMA DE LA DOUBLE BALANCE

[Rapport entre les oppositions (aspect moral-aspect social) chez le souverain et le citoyen).

1ère hypothèse : identité du rapport.

A/ Déséquilibre.

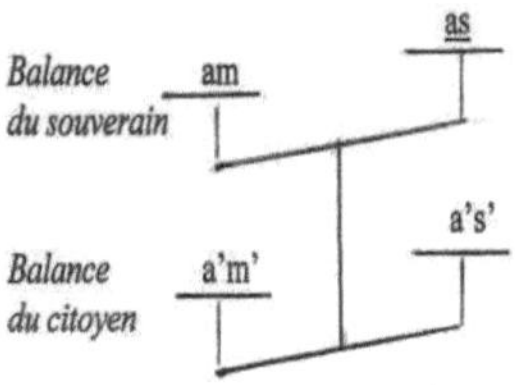

B/ Équilibre.

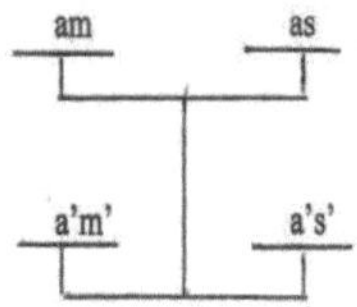

Conclusion

$\frac{am}{a'm'} > \frac{as}{a's'}$

rapport conservé

am=a'm' et as = a's'

am= as => a'm'=a's'

Donc l'hypothèse 1A est inutile ou absurde et 1B aussi.

2ème hypothèse : inversion du rapport.

A/ Déséquilibre.

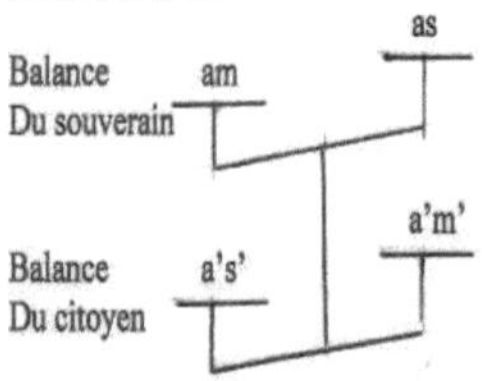

B / Équilibre.

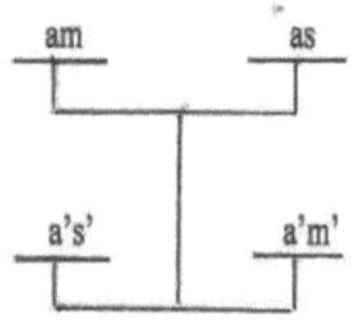

Conclusion

am > as => a's' > a'm'

am=as => a's' = a'm'

Les rapports $\frac{am}{a'm'}$ et $\frac{as}{a's'}$ de la 1ère hypothèse deviennent : $\frac{am}{a's'}$ et $\frac{as}{a'm'}$ dans la 2ème.

L'inversion de ces rapports donne un sens à 2A, donc aussi à 2B.

Explication du schéma précédent :

La première hypothèse est absurde parce que les rapports entre le souverain et le citoyen étant identiques au moment du déséquilibre, on ne voit pas pourquoi il faudrait agir sur un aspect plutôt que sur un autre pour changer ce qui n'a pas lieu de l'être.

La seconde hypothèse est logiquement possible. On part d'un déséquilibre entre le souverain et le citoyen, comme dans la première hypothèse, étant donné la place privilégiée qu'occupe le souverain dans le schématisme transcendantal de l'Idée, mais cette fois la correspondance des aspects moral et social du souverain et du citoyen est dissymétrique. Ce qui entraîne une exigence d'équilibre, sans changer pour autant la dissymétrie puisque le souverain est par définition supérieur par son statut au citoyen. Cette balance est fidèle à la réalité aussi bien transcendantale qu'empirique (ou historique) pour Kant puisqu'elle exprime bien les rapports inversés entre le souverain et le citoyen. Le déséquilibre ainsi signalé appelle un retour à l'équilibre initial, à savoir l'application du contrat originaire.

Comment rétablir cet équilibre ? Certainement pas en touchant à l'aspect moral du citoyen ou du souverain. Car pour Kant, il dépend uniquement de l'homme lui-même d'accéder à la moralité. « [L'homme est lui-même responsable de sa minorité]», écrit-il dans *Réponse à la question : Qu'est-ce que les Lumières*[113] *?* Cela signifie qu'il dépend de l'homme et non de quelqu'un d'autre de pallier son manque de décision et de courage, de se servir de son propre entendement, sans la direction d'autrui. Cependant, Kant reconnaît que la responsabilité morale n'est pas la seule en cause et que au-delà de la responsabilité individuelle, il y a une responsabilité administrative et gouvernementale. En effet, voici ce qu'il

[113] KANT (1784^{b}), p. 41.

écrit dans le même ouvrage : « L'homme est pour le moment incapable de se servir de son propre entendement, parce qu'on ne l'a jamais laissé en faire l'essai. Institutions et formules, ces instruments mécaniques d'un usage de la raison, ou plutôt d'un mauvais usage des dons naturels, voilà les grelots que l'on a attachés aux pieds d'une minorité qui persiste ». Ce passage montre clairement qu'il faut libérer les institutions pour permettre aux hommes d'accéder aux lumières. Comment agir sur ces institutions ? Deux voies sont possibles : la voie révolutionnaire et la voie réformiste. Quelle voie Kant emprunte-t-il ? D'après la seconde hypothèse du schéma, une première réponse est déjà esquissée. Puisqu'il n'appartient à personne d'agir sur l'aspect moral du souverain et des citoyens sans supprimer du même coup l'autonomie des consciences morales, il reste à agir sur l'aspect social. Du côté du souverain, il s'agira de recourir à des réformes ; du côté du citoyen, en fonction de l'amélioration de la constitution et des transformations sociales qu'elle autorise, il lui faudra de toute façon par ses efforts personnels, accéder à la majorité. Dans la *Doctrine du droit*[114] Kant affirme qu'« un changement dans la constitution politique (quand elle contient des défauts), qui peut bien parfois être nécessaire, ne saurait donc être opéré que par le souverain lui-même, à travers une <u>réforme</u> (souligné dans le texte), mais non point par le peuple, à travers par conséquent une <u>révolution</u> (souligné également dans le texte) ». De plus Kant ajoute qu'une telle réforme ne peut que concerner le pouvoir exécutif, non le pouvoir législatif. Ainsi, lorsqu'il en vient à l'idée de résistance, celle-ci ne peut être utilisée au mieux que verbalement, au cours de débats parlementaires et si les représentants du peuple ont le droit d'opposer leur *veto* (*sic*) au gouvernement, cette résistance qu'il qualifie en

---

[114] KANT (1796-1797), § 49, A, p.139.

conséquence de « négative » ne saurait faire l'objet d'une loi. Autrement dit, Kant ne serait pas d'accord avec l'article II de la *Déclaration des droits de l'homme et du citoyen* de 1789 qui autorise le « droit de résistance à l'oppression ». Et sans doute ne l'était-il pas effectivement, et encore moins avec l'article 35 de la Constitution du 24 Juin 1793 (cité dans l'introduction à cet essai) qui prône l'insurrection du peuple en cas de violation des droits du peuple, comme étant « le plus sacré des droits et le plus indispensable des devoirs », au moment où il écrivait sa *Doctine du droit* en 1796-1797. Il est donc manifeste que Kant prône la réforme et bannit toute révolution. Du fait de ce changement de constitution, donc, capacité, activité et chance sont données à chaque membre de la république pour sortir en toute liberté de sa minorité et au citoyen passif pour devenir citoyen actif. Or, ce qui assure l'équilibre du rapport entre le souverain et le citoyen , n'est-ce pas l'État ? L'État ne doit-il pas permettre à une société de rétablir l'équilibre initial (selon l'ordre rationnel) du contrat originaire ? Voyons si l'État rétablit effectivement cet équilibre, soit en fin de compte l'équilibre entre la nature humaine et la raison. La nature humaine, c'est-à-dire celle du souverain et du citoyen vus sous leur aspect social et la raison, c'est-à-dire la raison des mêmes, vus sous l'aspect moral ou idéal.

II - 1 - 3 L'État.

L'État, peut-on lire dans la *Doctrine du droit*[115] est « le tout que les individus en relation les uns avec les autres, dans un peuple, forment par rapport à ses propres membres ». Manifestement, une distinction est faite ici

---

[115] KANT (1796-1797) : *1ère section du droit public, le droit politique*, § 43.

entre le peuple et les membres de l'État. Rappelons que les individus du peuple sont des parties de l'État et ne sont pas des citoyens. Les membres de l'État, ce sont les citoyens. Ils agissent par leur propre volonté, en communauté avec les autres. Par ailleurs, dans l'essai *Vers la paix perpétuelle*[116], Kant écrit que « chaque État implique le rapport d'un supérieur (le législateur) à un inférieur (celui qui obéit, c'est-à-dire le peuple) ». Dans le même ouvrage, Kant affirme encore qu' « entre le souverain et le sujet, il n'y a pas de communauté ; ils ne sont pas compagnons, ils sont subordonnés, non coordonnés et ceux qui sont coordonnés entre eux doivent, à cause de cela, se considérer comme égaux, en tant qu'ils sont soumis à des lois communes ».

L'État est donc une totalité hiérarchisée qui comprend : le souverain au sommet, puis les citoyens et le peuple tout en bas de l'échelle.

La souveraineté est une et indissoluble. Le législateur-souverain est au-dessus des lois. Immédiatement sous le législateur vient le régent dont la tâche est de faire appliquer les lois pour le bonheur et la paix de tous. Contrairement au souverain, il est soumis aux lois et peut donc être contraint. Vient ensuite au-dessous, le juge qui est également soumis aux lois et qui en fonction de la loi du souverain et de la volonté du régent veille à la répartition équitable entre les membres de l'État et les individus des avantages de la vie civile. Notons bien que le terme de juge, contrairement au terme de régent, « personne morale ou physique », ne désigne pas une seule personne. Ce concept générique se rapporte au pouvoir judiciaire, de la même façon que le souverain représente le pouvoir législatif et le régent le pouvoir exécutif. L'auteur précise que ce pouvoir judiciaire est détenu par les représentants du peuple, entendons qu'il est mis en place par les citoyens actifs.

[116] KANT (1795) p. 99.

Les citoyens, comme on l'a vu, se répartissent entre citoyens passifs et citoyens actifs. Des premiers, Kant affirme que leur existence n'est qu'inhérence. Comme le fait remarquer Philonenko « au point de vue catégorial, l'inhérence caractérise la relation entre la substance et l'accident »[117]. Ce qui est inhérent ne s'identifie pas avec ce qui est essentiel mais désigne ce qui est attaché intérieurement. Il faut en déduire que les citoyens passifs n'appartiennent pas à la substance-État, mais à la communauté (action réciproque entre eux et les agents-citoyens actifs), (catégorie de la relation), c'est-à-dire à l'État en tant que totalité (catégorie de la quantité). Les citoyens passifs ne sont qu'une partie dans cette totalité, une partie liée selon la modalité par contingence (en opposition au concept de nécessité). Les citoyens actifs, quant à eux, sont membres de l'État (et non plus parties). Ils ont une place déterminée dans la totalité hiérarchisée, comme les citoyens passifs et existent comme moyens vis-à-vis du souverain, comme les citoyens passifs existent en tant que moyens à l'égard des citoyens actifs.

Dans l'État-substance organique au contraire, la distinction entre citoyens actifs et citoyens passifs n'a plus sa raison d'être, pas plus que celle entre citoyens de la cité et citoyens de l'État. Il n'existe que des citoyens considérés non seulement comme moyens mais aussi comme fins. L'État-substance implique la réciprocité du statut de fin et du statut de moyen. Autrement dit, les citoyens de l'État-substance obéissent à l'impératif pratique et plus en amont, à l'impératif catégorique.

L'État-substance réalise donc la synthèse entre le sujet moral et le citoyen. Le souverain également traité comme sujet moral occupe une place comparable à tous les citoyens dans une cité des fins où le droit public se confond avec le droit rationnel pur.

---

117 PHILONENKO (1968), p. 60.

L'État-totalité est défini au contraire comme le lieu d'un déséquilibre de la balance sociale. Le souverain, en tant que représentant sensible de l'idée de la société tout entière est le seul membre de l'État qui ait le droit d'être traité comme fin. En conséquence, aucun droit de contrainte ne peut être exercé sur lui tandis que lui bénéficie de ce droit sur les citoyens.

Dans l'État-substance comme dans l'État-totalité, le droit de révolution est rejeté. Il est exclu logiquement de l'État-substance puisque dans une cité des fins, il représente un non-sens. Il est exclu de l'État-totalité eu égard à la place privilégiée qu'occupe le souverain dans le schématisme transcendantal de l'idée de la société tout entière. C'est du moins la conclusion théorique qui semble s'imposer une fois définis le contrat social, le citoyen, le souverain et l'État. En effet, chacun de ces quatre termes comporte deux aspects, comme nous l'avons vu, l'aspect *a priori* et l'aspect empirique. La définition du souverain nous a permis de marquer la prédominance de l'aspect *a priori* sur l'aspect empirique dans la logique du système kantien. Mais lorsque nous considérons la sphère anthropologique, c'est au contraire l'aspect empirique qui l'emporte sur l'*a priori*. Selon la légalité de la nature, l'histoire force la raison à résoudre les problèmes qu'elle pose : tel est le problème de la coexistence pacifique des individus au niveau de l'espèce ; telle est la solution rationnelle du droit personnel, seconde forme du droit privé, expression de l'impératif catégorique. Selon la légalité qui lui est propre, la raison nie à son tour la nature, en l'occurrence le contrat historique, le citoyen en tant que partie d'un État-totalité, le souverain en tant que personne morale et privilégiée, l'État en tant que totalité hiérarchisée pour exiger la réalisation d'un contrat originaire, d'un citoyen sujet-moral, d'un souverain juste qui obéisse à la loi selon la lettre et selon l'esprit et enfin d'un État-substance où puisse s'unifier politiquement l'espèce humaine. Selon la légalité de la raison (dans l'histoire), la raison va donc forcer l'histoire à répondre à son exigence morale et idéale. Comment l'histoire répondra-t-elle à la raison ? Sa réponse sera-t-elle conforme à la raison et si oui, le sera-t-elle immédiatement ou médiatement ? D'après la seconde hypothèse, l'histoire réagira-t-elle aveuglément ou au contraire, en fonction d'un droit spécifique, distinct du droit positif ? Ce droit défend-il la voie réformiste ou la voie révolutionnaire puisque, comme nous l'avons observé, ce sont les deux voies possibles permettant de rétablir l'équilibre de la balance sociale juridico-politique ? Ou bien encore les deux voies tour à tour ? Nous examinerons successivement le droit de révolution selon la légalité de la raison et le droit de révolution selon la légalité de la nature tout d'abord, pour vérifier la réponse de Kant dégagée plus haut, à savoir que le droit de révolution est un non-sens. C'est en interrogeant ensuite la légalité de la nature que nous nous demanderons si un droit spécifique à l'histoire est susceptible de nous apporter une réponse diamétralement opposée.

II - 2 Vérification par les textes

Nous allons vérifier par les textes la première réponse à la question du droit de révolution envisagée dans son rapport à la légalité naturelle (de la raison dans l'histoire) : le droit de révolution est un non-sens.

Après vérification de cette réponse par le droit de contrainte, nous considérerons les arguments avancés par Kant pour démontrer l'absurdité de la résistance d'un peuple à son gouvernement, même si ce peuple est opprimé et ce gouvernement injuste ou despotique. Nous envisagerons enfin les réformes possibles proposées par l'auteur pour substituer à la transformation d'un État au moyen de la violence, un changement dans la légalité de la raison.

II - 2 - 1 Vérification par le droit de contrainte

II - 2 - 1 - 1 Le droit

La définition du droit comme contrainte et en particulier du droit strict contient déjà la réfutation de la révolution en tant que droit. Étant représenté comme la possibilité d'une contrainte générale réciproque s'exerçant sur des libertés particulières sous le principe de la liberté universelle, le droit ainsi conçu semble exclure toute contrainte qui irait à l'encontre de la loi. Y aurait-il contradiction dans cette définition qui autorise une contrainte mais pas une autre ? Oui, si les deux types de contrainte s'exercent dans le même champ, soit le champ apriorique, soit le champ empirique. Non, si l'une ressortit au premier champ et l'autre au second. Or, l'analogie établie par Kant dans la *Doctrine du droit*[118] prête à équivoque car, d'après elle, le concept de droit se construit comme en physique, « la loi de l'égalité de l'action et de la réaction », avec « la possibilité de libres mouvements des corps ». L'équivoque est levée puisque d'une part la présentation du concept de cette loi s'effectue « dans une intuition pure *a priori*[119] », comme le concept de droit en tant que contrainte, ce qui signifie d'autre part que le deuxième type de contrainte qui va à l'encontre de ce droit (cette loi) ne peut s'exercer que dans le champ empirique (*a posteriori*). Par conséquent il ne saurait y avoir de contradiction dans la définition du droit comme contrainte, l'une tolérée, l'autre non puisque la première contrainte relève du « principe de la possibilité d'une contrainte extérieure capable de coexister

---

[118] KANT (1796-1797) : Introduction, § E, remarque, p. 20.
[119] *Ibid.*

avec la liberté de chacun selon des lois universelles », autrement dit d'un principe pur *a priori* et puisque la seconde s'appuie nécessairement sur une loi empirique qui vient remettre en question la première. Cette loi empirique ou ce droit (de révolution) reposerait donc sur une contrainte inacceptable.

Construit par conséquent selon les principes de la mécanique galiléo-newtonienne, est-ce à dire que le concept de droit renferme l'autorisation d'agir sur la liberté du souverain-(législateur) ou celle du régent (ou monarque) ? Non, car si le droit est la possibilité d'une contrainte réciproque, nécessairement d'accord avec « la liberté de chacun, selon des lois universelles », la liberté générale qui concerne chaque membre de la société comme homme, semble être limitée par l'égalité qui ne concerne que les sujets et non le souverain, ni le régent. En conséquence « chaque membre du corps commun possède un droit de contrainte sur tout autre, à l'exception du seul chef de l'État (parce qu'il n'est pas membre de ce corps, mais son créateur ou son conservateur) qui seul, a le pouvoir de contraindre sans être lui-même soumis à une loi de contrainte[120] ». Précisons que ce que dit Kant du souverain en 1793, dans *Théorie et pratique,* il le dira également du chef de l'État (le Régent) en 1796-1797, dans sa *Doctrine du droit*[121]. En conséquence, le droit de contrainte s'applique à tous les membres et parties de l'État mais n'est pas réciproque entre les citoyens actifs (les citoyens passifs parties de l'État à plus forte raison) d'une part, les tenants du pouvoir législatif (le souverain) et du pouvoir exécutif (le Régent) de l'autre. C'est ce qu'il faut entendre par « droit strict ».

II - 2 - 1 - 2 Le droit strict

[120] KANT (1793[b]) p. 32.
[121] KANT (1796-1797) : IIème partie, *Le droit public*, § 49, p. 133.

Nous l'avons défini précédemment et avons observé ses limites. Une précision s'impose ici quant à la contrainte que ce droit implique vis-à-vis, cette fois du souverain, du régent et entre l'un et l'autre. Lorsqu'on demande si, compte tenu du droit strict, leur pouvoir respectif est résistible ou non, la réponse paraît claire pour le premier, moins pour le second et cela, pour deux raisons. La première fait référence à l'application, à l'idée de résistance à ces deux pouvoirs, de la maxime de l'impératif catégorique. À nous d'en déduire la conséquence. Nous savons que cette maxime est celle de l'universalité. Si le pouvoir du souverain, dit Kant dans *Théorie et pratique* était résistible, « la résistance s'inspirerait d'une maxime qui, si elle était universalisée, anéantirait toute constitution civile et le seul État où les hommes peuvent être en possession de droits en général[122] ». Or, ce que l'auteur dit à propos du souverain ne s'applique-t-il pas également au régent. Oui, sans conteste, d'autant plus que comme le fait apparaître le raisonnement suivant, il serait contradictoire que celui qui détient le pouvoir exécutif (le régent), autrement dit le pouvoir de contraindre, pût lui-même être contraint par une résistance quelconque[123]. Pourtant, le statut du régent n'est pas le même que celui du souverain vis-à-vis de la loi. En effet, on peut dire que le second, en tant que législateur, incarne la loi, il est la loi tandis que le premier « est soumis à la loi et se trouve donc, par la médiation de celle-ci, obligé par un autre, (souligné dans le texte) le souverain[124] ». Il y a bien identité entre le souverain et la loi et différence entre le régent et la loi. C'est pourquoi, selon Kant, le souverain peut « retirer » au régent son

[122] KANT (1793[b]) p. 41.
[123] KANT (1796-1797) : § 49, p. 133.
[124] *Ibid.*

pouvoir, « le déposer ou réformer son administration, mais il ne peut le punir (souligné dans le texte)[125].

Résumons-nous. Le droit strict dans l'État-totalité implique une contrainte entre les trois pouvoirs, législatif, exécutif, judiciaire d'une part et le peuple de l'autre. Cette contrainte n'est pas réciproque puisque seuls les trois pouvoirs sont autorisés légalement et légitimement à la pratiquer. Une nuance cependant vient corriger le rapport entre le souverain et le régent quant au droit de contrainte. Seul le souverain peut contraindre le régent, (sans toutefois le punir) mais non l'inverse. Que l'on pense maintenant à la nature du souverain. En tant que pouvoir législatif, le souverain est détenu en général par une assemblée, ce qui voudrait dire que celle-ci pourrait déposer le régent (ou le roi) qui possède le pouvoir exécutif. Nous n'oublierons pas cette réserve quant au droit de résistance, voire de révolution, à laquelle vient s'ajouter le syllogisme kantien suivant.

II- 2 - 1 - 3 Le syllogisme du droit et de la contrainte et le problème qu'il pose

Dans l'introduction à la *Doctrine du droit*[126], Kant énonce le syllogisme suivant qui, lu au second degré, paraît remettre en question l'autorité du souverain ou du régent. 1) La résistance opposée à l'obstacle d'un effet sert d'auxiliaire à cet effet et y concourt. 2) Or, tout ce qui est injuste est un obstacle à la liberté, en tant qu'elle est soumise à des lois générales et la contrainte est elle-même un obstacle ou une résistance faite à la liberté. 3) Donc si un certain usage de la liberté même est un obstacle à la liberté en tant qu'elle est soumise à des lois universelles (c'est-à-dire injuste), la contrainte, opposée à cet usage, en tant qu'elle permet d'empêcher un obstacle fait à la liberté,

---

[125] *Ibid.*

[126] KANT (1796-1797) : § D, p. 18, sous le titre : *Le droit est associé à la faculté de contraindre.*

s'accorde avec la liberté même suivant des lois universelles, c'est-à-dire est juste. Par conséquent, le droit implique selon le principe de contradiction, la faculté de contraindre celui qui y porte atteinte.

Puisqu'il est juste de contraindre la contrainte injuste, on peut se demander si ce syllogisme, « au revers de la médaille », ne vient pas fonder en raison, le droit de résistance des peuples à l'oppression.

II - 2 - 1 - 4 Premières réponses à la question du syllogisme : le droit de nécessité est un non-sens

Dans l'essai *Théorie et pratique*[127], Kant répond clairement au problème de casuistique posé par le syllogisme précédent. Supposons qu'un chef d'État ait violé le contrat originaire. On ne peut lui opposer ce qu'il appelle « un droit de nécessité » (*Nothrecht*) selon lequel serait justifiée une rébellion quelconque. Même en invoquant « l'extrême détresse physique » dans laquelle serait jeté le peuple par la faute de lois injustes, ce prétendu droit de nécessité serait « un non-sens ». En effet, le chef de l'État pourrait tout aussi bien « pour justifier la dureté de son procédé à l'égard de ses sujets, arguer de leur insoumission (…). Et qui tranchera en ce cas ? » La réponse de l'auteur est cinglante : « Celui qui se trouve en possession de l'administration suprême de la justice, et c'est précisément le chef de l'État. (…) Il est seul à pouvoir le faire ; et il n'est par conséquent personne dans la république qui puisse avoir le droit de lui contester cette possession[128] ».

Dans ces propos, deux raisons principales sont invoquées contre le « droit de nécessité » : tout d'abord, l'extrême détresse physique c'est-à-dire le malheur ne peut fonder le droit sous peine de non-sens ; ensuite, le peuple ne peut être en même temps juge et partie sous peine de contradiction insurmontable. Examinons les deux

---

[127] KANT (1793[b]).

[128] *Ibid.* p. 42.

arguments en commençant par le second ou plutôt par l'argument de l'État, maître absolu qui contient l'argument de l'ordre et l'argument de l'autorité incarnée précisément par le chef de l'État. Nous enchaînerons avec l'argument de la société civile (argument qui, soit dit en passant, précédera logiquement l'argument du bonheur), l'argument du souverain et enfin celui de la publicité du droit public.

II - 2 - 2 Autres réponses à la question du syllogisme

II – 2 – 2 - 1 L' État est le maître absolu

« Seul l'État est le maître absolu ; le souverain en est le représentant (...)[129] ». L'État possède deux caractères principaux : l'ordre et l'autorité.

II – 2 – 2 - 2 Argument de l'ordre

Le terme d'ordre a toujours deux sens quand il s'agit de l'ordre instauré par un État. L'ordre signifie l'état paisible par opposition au désordre engendré par les manifestations, les émeutes, l'insurrection. L'ordre, c'est aussi le rapport entre les gouvernants et les gouvernés établi selon un certain « ordre » ou hiérarchie. L'ordre entendu au second sens conditionne l'ordre au premier, la paix et le calme dans la cité.

Si l'on se réfère à la définition kantienne de l'État donnée plus haut (II - 1 - 3), il apparaît clairement que l'ordre au second sens définit l'État et que l'État conditionne l'ordre, dans son premier sens. On comprend dès lors pourquoi « toute opposition au pouvoir législatif suprême, toute révolte destinée à traduire en actes le mécontentement des sujets, tout soulèvement qui éclate en rébellion est, dans une république, le crime le plus grave et le plus

[129] *Ibid.* p. 84, note 50.

condamnable, car il en ruine le fondement même[130] ». Dans la *Doctrine du droit*, Kant ira encore plus loin dans sa condamnation de la sédition, de la rébellion, de la résistance et évidemment de la révolution qui ne sauraient en aucune façon trouver à ses yeux de justification, quels que soient les motifs invoqués, par exemple un abus de pouvoir « insupportable » (*sic*) de la part du pouvoir suprême. « La moindre tentative » écrira-t-il de porter atteinte à ce pouvoir ou à la personne du monarque est « une haute trahison » et en tant que telle doit être punie « de rien de moins que de la mort[131] ».

Que dire alors de la démocratie française qui suit l'abolition de la monarchie, en cette fin du XVIIIe siècle ? La réponse apparaît dans l'essai *Vers la paix perpétuelle.* La démocratie, c'est-à-dire le gouvernement du peuple par le peuple ou encore les pouvoirs législatif et exécutif entre les mains du peuple est pour Kant synonyme de despotisme. Et « le despotisme sans âme, après avoir étouffé les germes du bien, finit toujours par conduire à l'anarchie[132] ».

Seule la forme républicaine (au sens étymologique) du gouvernement qui maintient la séparation entre le pouvoir législatif et le pouvoir exécutif, la subordination du juge (pouvoir judiciaire) et du régent au législateur garantit l'ordre étatique. Cela explique la préférence de Kant pour la monarchie limitée (plutôt que constitutionnelle) ou encore pour le régime parlementaire de George II en Angleterre[133], et non bien entendu pour la République (*The*

[130] *Ibid.* p. 40.

[131] KANT (1796-1797) : § 49, A, p. 137.

[132] KANT (1795) p. 125.

[133] La *Déclaration des droits* de 1689 subséquente à la révolution anglaise brève et pacifique de 1688 limitait le pouvoir du roi plus qu'elle n'instituait un nouveau régime ; elle ne faisait que rappeler les libertés traditionnelles. Sous Guillaume III (1697-1702), l'Angleterre connut les débuts du régime parlementaire. Mais c'est sous George II

Commonwealth) de Cromwell de 1649. La monarchie limitée a le mérite, aux yeux de Kant, de préserver la hiérarchie étatique, donc l'ordre (pris dans les deux sens du terme) tout en s'opposant à l'autocratie, c'est-à-dire au pouvoir d'un seul.

Mais il convient de souligner que cette monarchie parlementaire sous George II remettait en fait le pouvoir entre les mains de l'aristocratie anglaise, principalement les grands propriétaires fonciers de la Chambre des Communes et les grands seigneurs et prélats de la Chambre des Lords. Telle était la rançon de l'ordre que le peuple anglais devait payer à la riche aristocratie.

II- 2 - 2 - 3 Argument de l'autorité

Cet argument intervient lorsque le pouvoir est établi et qu'il est investi, du fait qu'il est établi, d'une autorité que l'on se saurait remettre en question. Cet argument s'applique à tout pouvoir politique établi, y compris le pouvoir révolutionnaire. C'est la raison pour laquelle Kant émet l'hypothèse d'une révolution réussie. Un pouvoir révolutionnaire doit-il faire autorité ou au contraire, parce qu'il a été mis en place par une révolution, est-il, doit-il même être contesté ? Le recours à l'argument de l'autorité permet de répondre précisément à cette question. On le trouve formulé en particulier dans la *Doctrine du droit*[134]. « Quand une révolution a réussi et qu'une nouvelle constitution est fondée, le caractère anti-juridique de son commencement et de sa mise en œuvre ne peut dispenser les sujets de l'obligation de se soumettre au nouvel ordre des choses comme de bons citoyens, et ils ne peuvent se refuser à obéir loyalement à cette autorité qui maintenant dé-

---

(1727-1760) que le Parlement disposa du pouvoir prépondérant. Le ministère en effet ne dépendait plus du roi mais du Parlement et, en dernière instance, du corps électoral d'où émanait le Parlement, cf. MALLET (1923).

[134] KANT (1796-1797) : Deuxième partie, *Le droit public*, § 49, p. 140.

tient le pouvoir ». Ce serait une erreur de penser que Kant défend par là la révolution, notamment la Révolution française. C'est bien plutôt l'ordre et l'autorité établis qu'il défend, à la suite de Pufendorf et Grotius[135], comme l'explique Philonenko : « Après Grotius, Pufendorf estimait que c'était " une obligation indispensable d'obéir à celui qui est en possession de la couronne, à quelque titre que ce soit"[136] ».

L'argument de l'ordre et celui de l'autorité sont intimement liés : sans autorité, pas d'ordre. L'autorité garantit l'ordre et la paix de l'État. Que ce soit un gouvernement conservateur ou révolutionnaire, les citoyens doivent obéir à l'autorité en place, sous peine de s'exposer soi-même et d'exposer l'État tout entier aux désordres de l'anarchie. De plus, si l'autorité permettait la révolution, ce serait contradictoire puisqu'une autorité qui se remet en question ne fait plus autorité. C'est pourquoi pour Kant, une constitution conséquente ne saurait contenir le droit de résistance à l'oppression[137].

---

[135] Hugo Grotius (ou Hugo de Groot) (10 avril 1583 – 28 août 1645) est un juriste et un philosophe originaire des Provinces Unies (Pays-Bas). Il posa les fondements du droit international, après Francisco de Vitoria (1483 ou 1486 – 1546) qui en eut l'idée ainsi que celle du droit des gens, cf. LLINARES (2015). Grotius est l'auteur du *De jure belli ac pacis* (*Du droit de la guerre et de la paix*). Il fut aussi l'un des premiers à avoir introduit l'idée du contrat social. Samuel de Pufendorf (8 janvier 1632 – 13 octobre 1694) est un juriste et un philosophe allemand auteur de *De jure naturae et gentium*, (*Du droit de la nature et des gens*) paru en1672.

[136] PHILONENKO (1968).

[137] Cf. l'analyse précédente dans II - 1 - 2 Le souverain. Sur l'idée de l'ordre, « érigée [par Kant] en principe absolu de légitimité », on lira avec profit chez VLACHOS (1962) le chapitre 18, p. 539.

II - 2 - 2 - 3 - 1 La société civile est sainte

II - 2 - 2 - 3 - 1 - 1 L'idée de sainteté

Dans son édition des *Lettres sur la Morale et la Religion*[138] et plus particulièrement à propos de la lettre de Kant à J.-B. Erhard du 21 Décembre 1792, Jean-Louis Bruch écrit très justement que « la sainteté de la société civile – d'où résulte l'illégitimité de toute révolution – est une affirmation fondamentale de la philosophie politique kantienne ». Seulement, compte tenu des raisons énumérées dans les précédents paragraphes, l'idée de sainteté de la société civile n'est pas la seule à laquelle recourt Kant pour condamner toute résistance et toute révolution. De plus, elle pourrait prêter à équivoque si l'on se croit autorisé, à la lecture des textes, notamment ceux de la *Remarque générale* de la *Doctrine du droit* (§ 49) et de l'appendice[139] à l'attribuer à l'Église instituée. En effet, l'Église n'est pas dépositaire de la sainteté, pour Kant, surtout quand elle participe, conjointement à l'État monarchique anglais, à l'exclusion d'un citoyen irlandais des services de l'État « parce que sa religion est différente de celle de la cour[140] ». De plus, au paragraphe B du même appendice, aussi respectable que puisse être l'Église dans un État, elle fait l'objet d'une critique quant à la propriété de ses biens et terres que certains membres du clergé revendiquent comme étant « fondée à perpétuité ». On trouve même les lignes suivantes inattendues sous la plume de l'auteur qui établit pourtant une liaison intime entre l'État et l'Église au début du paragraphe B. Voici ce que dit Kant : « (…) dès lors que les Lumières atteignant le peuple, se dissipe l'illusion procédant de cette opinion [celle de la fondation à perpétuité des biens acquis de l'Église], en même temps s'effondre la redoutable puis-

[138] BRUCH (1969).
[139] KANT (1796-1797), p. 134
[140] *Ibid.*, appendice, § B, p. 201.

sance du clergé qui reposait sur cette illusion, et l'État s'empare de plein droit de la propriété que prétendait posséder l'Église ». Puisque l'Église ne semble pas prodiguer l'idée de sainteté de la société civile, d'où vient-elle ? La réponse est claire, c'est une idée de la raison pure pratique. Elle est formulée en plusieurs endroits, dont notamment la conclusion de l'appendice[141] : « L'idée d'une constitution politique en général, qui définisse en même temps pour tout le peuple un commandement absolu de la raison pratique jugeant d'après des concepts du droit, est sainte et irrésistible ». Cette idée relève d'une constitution juridique parfaite, en d'autres termes de la chose en soi[142].

Le texte précité de l'appendice correspond particulièrement à celui de la deuxième proposition d'Erhard approuvée par Kant : « L'idée d'une constitution de l'État (*staatsverfassung*) en général, qui est en même temps pour chaque peuple un ordre absolu de la raison pratique jugeant d'après les concepts du droit, est sainte et irrésistible[143] ».

En même temps que l'idée de la sainteté de la société civile, poursuit Jean-Louis Bruch, Erhard évoquait sa conséquence dans la proposition 13 – la destruction de la société est une haute trahison – affirmation qui est reprise, elle aussi et sous une forme comparable, par Kant, comme nous l'avons observé au paragraphe I - 2 - 2 -2. La proposition 13 d'Erhard est la suivante : « Le mépris et la destruction de la société civile est une haute trahison et par conséquent le plus grand crime ; et sa punition ne doit être dépassée par la punition d'aucun autre crime ».

Aux arguments précédents qui militent contre l'idée de révolution s'ajoute celui qui dénonce cette autre conséquence de la révolution :

---

141 *Ibid.*, conclusion, p. 205 - 207.
142 *Ibid.*, p. 205.
143 BRUCH (1969).

II - 2 - 2 - 3 -1 - 2 Le retour à l'état de nature

L'état de nature et plus précisément l'état de barbarie (cf. *supra*, II - 2- 2) sont un état de guerre entre les peuples d'agriculteurs et de pasteurs. Le seul droit qui apparaisse à ce stade de l'histoire du droit est le droit réel, première forme du droit privé. Le droit réel repose sur la première occupation du sol. Il est fondé sur la force et ne peut à cet égard selon Kant, définir le droit au sens strict.

Or, toute révolution est pour Kant la négation du droit personnel (donc du contrat) ainsi que du droit personnel réel de l'espèce, c'est-à-dire des lois extérieures qui garantissent la propriété privée, la famille et l'État. Toute révolution marque donc la régression à l'état de barbarie et est par conséquent injuste. « Toute amélioration de l'État, écrit Kant dans les *Réflexions*[144], au moyen d'une révolution est injuste, car le fondement n'y réside point dans le droit du régime préexistant et par conséquent entre ce dernier et le suivant intervient un état de nature où il n'existe aucun droit extérieur ».

II- 2 - 2 - 3 - 1 - 3 Argument de la volonté générale

Rappelons que Kant entend par volonté générale, une volonté universelle du peuple universel. Elle n'est pas fondée empiriquement mais possède une représentation historique chaque fois qu'une constitution est en place. « Dès que la volonté générale existe, écrit l'auteur de l'essai *Théorie et pratique*, le peuple n'est pas davantage fondé à exercer de contrainte à l'égard du souverain, car en ce cas, ce serait lui le souverain suprême[145] ». Autrement dit, la volonté générale a choisi un souverain en acceptant la constitution et vouloir résister au chef de l'État, en actes ou en paroles, c'est vouloir contre son propre vouloir.

---

[144] KANT (1793^{b}) p. 88, note 66.
[145] *Ibid.*, p. 46.

On retrouve également dans la *Doctrine du droit* l'idée suivant laquelle toute résistance à une constitution juridique est une entreprise contradictoire, quand bien même cette constitution serait défectueuse. S'imaginer que l'on puisse avoir le droit de recourir à la violence pour remplacer la législation en place par une autre, ne peut conduire qu'à un seul résultat : « une volonté suprême se détruisant elle-même[146] ».

Par conséquent, dès qu'une constitution existe historiquement (phénoménalement), elle exprime la volonté générale et la volonté générale ne peut vouloir deux choses contradictoires, la constitution et la négation de la constitution.

II - 2 - 2 - 3 - 1 - 4 L'argument du bonheur

La volonté générale de tout le peuple est législative. Elle est source de tout droit parce qu'elle se situe au-dessus de toutes les volontés particulières contingentes et arbitraires. La volonté collective du peuple en son entier ne peut donc vouloir le bonheur qui dépend de chaque individu mais le droit qui concerne l'ensemble de tous les citoyens. « Le bien-être, écrit Kant dans *Le conflit des Facultés* (1798), n'a pas de principe, ni pour celui qui l'obtient, ni pour celui qui le distribue (chacun d'eux fait consister le bonheur en des choses différentes)[147] ». Pourtant, on pourrait rétorquer à Kant que la volonté a « partie liée au bonheur » et que ce dernier peut faire partie des revendications du peuple, comme nous pouvons le lire dans le préambule de la *Déclaration des Droits de l'Homme et du Citoyen* de 1789 : « (…) afin que les réclamations des citoyens, fondées désormais sur des principes simples et incontestables, tournent toujours au maintien de la Constitution et au bonheur de tous ». Kant répondrait que si la volonté a « partie liée » au bonheur, il

---

146 KANT (1796-1797) : Appendice, p. 206.

147 KANT (1798^c) p. 224, note 1.

s'agit seulement de son élément matériel. Or cet élément « est empirique et impropre au caractère d'universalité de la règle[148] ». En revanche, le libre vouloir est doté d'un principe formel en vertu duquel l'homme ne saurait revendiquer d'un gouvernement qu'une chose primordiale, avant toute autre chose, que le peuple légifère et que le droit soit appliqué. « Il faut nécessairement que le droit des hommes qui doivent obéir précède toute considération de bien-être et c'est là une chose sacrée, qui se place au-delà de tout prix (de l'utilité) et à quoi aucun gouvernement, si bienfaisant qu'il puisse être, ne peut se permettre de toucher[149] ».

Dans une lettre adressée à Jung-Stilling en mars 1789, Kant écrivait déjà à propos des lois qui doivent être données dans une société civile déjà présupposée, d'après l'ordre des catégories :

Selon la qualité : les lois « ne doivent pas concerner la fin du citoyen (son bonheur, dont on peut laisser chacun s'occuper selon son inclination et sa capacité), mais la liberté d'un chacun et la limitation de celle-ci par la contrainte, aux conditions conciliables avec la liberté des autres[150] ».

Positivement, selon la modalité : « les lois doivent être données (en tant que lois de contrainte) en vue de la liberté générale… » et le maintien de la simple forme légale d'une société civile est la loi suprême (*salus rei publicae suprema lex est*)[151].

Dans l'essai *Théorie et pratique*[152], la même idée se vérifie à savoir que le bonheur ne peut à aucun moment légitimer une révolution : « s'il devait arriver qu'un peuple

[148] *Ibid.*
[149] *Ibid.*
[150] BRUCH (1969).
[151] *Ibid.*, p. 111.
[152] KANT (1793[b]), p. 40.

soumis à une législation présentement en vigueur en vînt à estimer que son bonheur va très probablement être compromis, que lui faut-il faire ? ». Là encore, la réponse de Kant est cinglante, « Il n'a rien d'autre à faire qu'à obéir ». Le bonheur n'est pas un objet de revendication, ce n'est pas quelque chose que l'on puisse attendre d'une institution ou d'un gouvernement de la république, « car aussi bien les circonstances que l'illusion pleine de contradictions et en outre sans cesse changeant où l'individu place son bonheur (personne ne peut lui prescrire où il doit le placer) font que [le principe dont se réclame le bonheur est impossible à fonder et encore moins à fonder une république] ». Une fois de plus, la loi est le salut suprême de la république (chose publique) et « il demeure loisible à chacun de rechercher son bonheur dans la voie qui lui paraît la meilleure, pourvu seulement qu'il ne porte atteinte à la liberté légale générale, par conséquent au droit des autres co-sujets[153] ».

On peut encore citer entre autres textes celui de *Vers la paix perpétuelle*[154] pour confirmer que les maximes politiques, au lieu de se fonder sur le bien-être relatif doivent se régler sur « la pure idée du devoir juridique (du devoir dont le principe est donné a priori par la raison pure) », et qu'au nom du bonheur, un peuple n'a pas le droit de renverser un régime politique.

II - 2 - 2 - 3 - 2 L'argument du souverain

Selon Philonenko, c'est le plus sûr argument de Kant contre tout droit de résistance. Et, en effet, nous avons vu (II – 1 - 2) que du fait de la place privilégiée qu'occupe le souverain dans le schématisme transcendantal de l'idée de la société tout entière, aucun droit de contrainte ne peut être exercé sur lui, tandis que lui bénéficie de ce droit sur les citoyens. La souveraineté est une et irrésistible. Aussi,

---

[153] *Ibid.*, p. 40 .

[154] KANT (1795) p. 151.

rappelons-le, faire passer en jugement le chef de l'État, détenteur du pouvoir exécutif suprême, lorsque ce chef d'État (régent, roi…) a été renversé, c'est remettre en question la souveraineté, son pouvoir législatif, et cet acte constitue un *parricida*, équivaut à « tuer sa patrie », à une « haute trahison » et ne peut être puni que par « la mort »[155].

II – 2 – 2 – 3 - 3 Le principe transcendantal de la publicité du droit public

Dans l'essai *Vers la paix perpétuelle*, Kant pose clairement la question de la légitimité de la révolte : « La révolte est-elle pour un peuple un moyen légitime de renverser le pouvoir oppresseur d'un prétendu tyran[156] ? » Il remarque que si l'on veut résoudre la question par une déduction dogmatique des principes du droit, on peut argumenter longuement pour et contre, et ajoute que seul « le principe transcendantal de la publicité du droit public peut nous épargner cette prolixité ». Que faut-il entendre par principe transcendantal de la publicité du droit public et en quoi ce principe est-il transcendantal ?

Ce principe, souligne l'auteur, dès la première page du second appendice, s'obtient en faisant abstraction de la matière du droit public et en ne conservant que la forme de la publicité, condition *sine qua non* de la justice et, par conséquent, du droit. Cette abstraction a le mérite de dégager en quelque sorte l'essence du droit et de nous préserver de toutes les discussions sans fin sur le droit, discussions relatives à la matière du droit, c'est-à-dire aux multiples relations empiriques des hommes dans l'État ou même des États entre eux. La formule transcendantale du droit public, par son unicité et son univocité, met tout le monde d'accord et peut être reconnue universellement comme telle. Elle s'énonce ainsi : « Toutes les actions

[155] KANT (1796-1797) p. 137.
[156] KANT (1795) : Appendice II, p. 159.

relatives au droit d'autrui dont la maxime n'est pas susceptible de publicité sont injustes[157] ». Kant fait remarquer que « ce principe est purement négatif, c'est-à-dire qu'il ne sert qu'à reconnaître ce qui n'est pas juste à l'égard d'autrui. Il est certain et indémontrable, comme un axiome, et il est en outre d'une application facile. »

Appliqué à l'exemple de la révolution, ce principe permet de conclure à l'illicéité de la révolution. En effet, « la publicité de la maxime qui permettrait [la révolution] rendrait impossible son propre but. Il faudrait la tenir secrète ». Ce serait donc contredire le principe de la publicité. On peut déduire de ce principe que les articles déjà signalés des déclarations des Droits de l'Homme et du Citoyen de 1789 et 1793 (cf. *supra*, introduction) sont injustes et ne devaient pas figurer dans de tels textes de la Constitution française.

En résumé, comme l'affirme la réflexion n° 7680, « *jure stricto*, le sujet qui aurait opposé un acte de résistance au tyran n'aurait commis aucune injustice à son égard ; mais il en aurait commis une *formaliter* ». Ce qui peut paraître juste sur le plan empirique (ou matériel) peut ne pas l'être sur le plan transcendantal (ou formel). Mais comme le second plan l'emporte sur le premier ou, comme la justice relève de la sphère transcendantale et non empirique, résister, même à un tyran est une chose injuste.

Pour conclure, la définition du droit ainsi que les arguments examinés précédemment montrent assez éloquemment que toute révolution est illégitime même si le gouvernement qui la suscite est un gouvernement despotique[158] ou tyrannique[159]. Quelles seront dès lors les res-

---

[157] *Ibid.*, p. 157.

[158] Le despotisme cumule le pouvoir législatif et le pouvoir exécutif, cf. KANT (1796-1797) II, § 49.

[159] Le tyran qui s'est emparé du pouvoir par la force et la ruse ajoute à son compte, aux deux pouvoirs réunis par le despote, le pouvoir législatif.

sources des citoyens contre l'oppression pour améliorer leurs conditions de vie et avant tout tenter de vivre dans un État selon le droit ? De même, que peut un gouvernement, pour réaliser le règne du droit ? Pour tenter de répondre à ces questions, nous tournerons notre regard dans la direction des réformes. C'est le chemin suivi par Kant.

II - 3 Réformes au lieu de révolution

II - 3 - 1 Que peuvent les citoyens ?

En application du principe transcendantal de la publicité du droit public, il reste au peuple la possibilité d'exprimer sa volonté au moyen de la publicité. « Il n'y a pas d'autre voie que celle de la publicité, écrit l'auteur du *Conflit des Facultés,* s'il s'agit pour un peuple entier d'exposer ses doléances. Ainsi, l'interdiction de la publicité empêche le progrès du peuple, même en ce qui concerne la moindre de ses exigences, à savoir son simple droit naturel[160] ». À ce propos, il est bon de noter que Kant n'est pas dupe du pseudo régime parlementaire britannique, du moins de celui qui s'exerce en 1798, date de la parution du *Conflit des Facultés*, sous la monarchie absolue de George III. Autant Kant citait en exemple la monarchie limitée de George II, autant il flagelle le despotisme de George III après l'avoir démasqué et après avoir dénoncé la corruption des représentants parlementaires du roi[161]. La monar-

[160] KANT (1798c).

[161] De 1783 à 1801, le premier ministre anglais était le « second Pitt », fils du premier, vainqueur de la France pendant la guerre de sept ans. Fidèle à la tradition des Pitt, il se singularisa par le soutien qu'il apporta à toutes les coalitions et attaques des contre-révolutionnaires, tant dans son pays, contre les « Jacobins » anglais que contre les Irlandais qui tentaient de se soulever avec l'aide de la France.

chie absolue de George III est l'exemple même pour Kant non seulement de l'interdiction de la publicité mais aussi de l'usage mensonger que lui-même faisait de la publicité pour tromper le peuple.

Dans l'opuscule sur les *Lumières*[162], Kant souligne la possibilité pour le public se s'éclairer lui-même, pourvu qu'on lui en laisse la liberté. Kant présente donc la liberté d'expression comme la condition de possibilité de la libération d'un peuple, ou encore de la sortie de sa minorité pour accéder aux Lumières. Une restriction est cependant apportée à la liberté d'expression. Kant distingue en effet « l'usage public » de « l'usage privé » de la raison. Le premier concerne le savant qui s'adresse à un public de lecteurs. À l'opposé, ceux qui occupent un poste civil et qui exercent une fonction déterminée dans l'État ne peuvent faire qu'un « usage privé » de leur raison, c'est-à-dire limité par leur fonction même, dans l'exercice de cette fonction. Ainsi un officier doit obéir sans discussion aux ordres qui lui sont donnés dans son service mais peut exprimer publiquement son opinion sur l'armée en tant que savant, en dehors de son service. Ainsi un citoyen doit payer régulièrement ses impôts même s'ils sont trop lourds pour lui, mais en tant que savant, il peut faire un usage public de sa raison et critiquer ouvertement le système fiscal.

Reste à savoir si cette distinction entre usage public et usage privé de la raison qui revient à diviser le membre de l'État en citoyen et en savant ou en fonctionnaire et homme public, ne restreint pas une liberté qui se limite déjà à la simple expression de sa pensée. D'autant plus que le gouvernement dispose de la censure et est assez puissant pour en user selon sa guise et pressurer ainsi davantage la liberté de penser, d'écrire, de parler. Voyons

---

162 KANT (1784[b]) p. 84.

précisément comment Kant conçoit le rôle du gouvernement.

II - 3 - 2 Le rôle du gouvernement

Pour commencer, le gouvernement peut éviter d'étendre sa mainmise sur tout le peuple sous prétexte que le peuple serait un grand enfant instable, incapable de se maîtriser et de sortir de la grossièreté. « Ce n'est pas un gouvernement paternel, mais un gouvernement patriotique que celui qui est seul concevable pour des hommes capables de droits et en même temps en rapport avec la bienveillance du souverain[163]. »

Or comment éviter le paternalisme sinon en observant fidèlement l'idée de droit. Le rôle du gouvernement est de garantir l'observation par tous les citoyens de cette idée du droit. Mais encore faut-il pour cela que le gouvernement commence lui-même par se déterminer en fonction de cette idée. « Ainsi un grand pas [sera] fait, écrit Kant dans l'essai *Vers la paix perpétuelle* (quoique ce ne soit pas encore un pas de caractère moral) vers la moralité qui consiste à se soumettre à l'idée du devoir pour elle-même et indépendamment de tout espoir de retour[164]. »

Pour que le gouvernement joue pleinement son rôle, il faut donc qu'il garde présente dans tous ses objectifs la liaison de l'idée de droit à l'idée de devoir. C'est la raison pour laquelle l'auteur considère dans sa *Doctrine du droit* le gouvernement comme une « personne morale ». Son rôle est alors de donner des ordres, des ordonnances ou des décrets au peuple, aux magistrats, aux ministres. Des décrets, précise l'auteur et non des lois, puisque le seul pouvoir qui lui incombe est le pouvoir exécutif, non le

[163] KANT (1793[b]) p. 31.
[164] KANT (1795) p. 145.

pouvoir législatif, faute de quoi, le cumul de l'exécutif et du législatif n'a qu'un nom : le despotisme. Dans ce troisième ouvrage, Kant revient sur le gouvernement paternaliste pour le dénoncer cette fois comme étant « le plus despotique de tous » et précise que le gouvernement qu'il prend pour modèle est à la fois « patriotique » et « nationaliste ». En notre XXIe siècle, ces deux termes auraient une résonance différente ; ils signifient simplement pour Kant « gouvernement de la cité et de la patrie », gouvernement d'un État qui traite ses sujets non comme des enfants – c'est bien ce que fait un gouvernement paternaliste – mais à la fois comme « des membres d'une même famille » et « comme des citoyens » indépendants mais égaux devant la loi[165].

Le gouvernement ainsi défini, pour mettre en application sa politique, dispose, en liaison au souverain et au peuple chargé par ses représentants du pouvoir législatif, de deux grands moyens : les réformes (puisque toute révolution est exclue) et l'éducation. Commençons par les premières.

II - 3 - 2 - 1 Les réformes

Dans la *Doctrine du droit*, Kant affirme qu'« un changement dans la constitution politique (quand elle contient des défauts), qui peut bien parfois être nécessaire, ne saurait donc être opéré que par le souverain lui-même, à travers une réforme, mais non point par le peuple, à travers par conséquent une révolution[166] ». Les remarques explicatives de l'appendice de la deuxième édition du même ouvrage ajoutent que ce sont des réformes progressives et non une révolution qui changeront la situation politique et sociale d'un pays[167].

II - 3 - 2 - 2 La transformation de l'éducation

---

[165] KANT (1796-1797) : § 49.
[166] *Ibid.* p. 139.
[167] *Ibid.*, Appendice, p. 206.

En 1776, la position de Kant vis-à-vis de l'éducation est originale, comparée à celle qu'il adoptera par la suite, ou plutôt celle qu'il n'adoptera pas après 1778.

Dans un article publié anonymement le 28 mars 1776 dans les *Königsbergische gelehrte und politische Zeitungen*, Kant proclame que « c'est en vain qu'on attendrait le salut du genre humain d'une amélioration des écoles. Il faut, poursuit-il qu'elles soient complètement transformées, si l'on veut qu'il en sorte quelque chose de bon ; car elles sont défectueuses dans leur organisation première, et les maîtres eux-mêmes ont besoin de recevoir une nouvelle culture. Ce n'est pas une lente réforme qui peut produire cet effet, mais une prompte révolution[168] ».

Kant va plus loin que le pédagogue théoricien et praticien Basedow[169] dont il subit l'influence. Ce dernier, dans la Préface de son *Elementarwerk*, déclarait déjà qu'on ne pouvait se contenter de « quelques mauvais plâtrages » et qu'il fallait réaliser une « réforme complète ». Conscient de l'apport financier dérisoire de l'État à l'amélioration de l'école, il fait appel aux particuliers « qui auront à promouvoir par leur généreuse contribution une affaire aussi importante ».

Selon Jean-Louis Bruch, de 1776 à 1778, Kant s'occupe activement du *Philanthropin*, une institution pédagogique et philanthropique, qui devait permettre d'expérimenter une pédagogie inspirée de Rousseau, mise au point par Basedow, et adaptée à un enseignement collectif[170]. Le philosophe s'investit dans cette institution par des interventions, recommandations aux élèves, maîtres, s'occupe des abonnements des Königsbergeois qu'il reçoit

[168] BRUCH (1969) p. 40.

[169] Johann Bernhard Basedow (11 septembre 1724 – 25 juillet 1790) est un essayiste, pédagogue et philosophe allemand. En pédagogie, il s'inspire de l'*Émile* de Rousseau. En 1774 à Dessau, il fonde une école-modèle, le *Philanthropin*.

[170] BRUCH (1969) p. 37.

chez lui-même entre dix heures et treize heures. Mais après 1778, son intérêt pour le *Philanthropin* déclinera.

On observe nettement l'évolution de l'intérêt et aussi de la pensée de Kant relatifs à l'éducation. Partisan tout d'abord d'une « prompte révolution », il reconnaît toutefois que le moment de cette transformation radicale n'est pas arrivé et s'adresse à des particuliers puisque le gouvernement en 1776 préfère investir de l'argent dans la guerre ou plutôt dans les préparatifs de la guerre de rapine, dès 1772, contre la Pologne inorganisée et faible, plutôt que dans les établissements scolaires, puis dans la guerre de succession de Bavière, contre l'Autriche, une guerre qui prendra fin en 1778. Kant finit par se détacher du *Philanthropin*, peut-être à cause de son travail philosophique, mais peut-être aussi à cause du découragement suscité par l'attitude cynique du gouvernement.

Nous sommes maintenant en mesure de conclure sur le droit de révolution, dans son rapport à la légalité naturelle de la raison dans l'histoire.

II – 4 Conclusion

La légalité naturelle de la raison dans l'histoire interdit toute révolution ainsi que toute résistance à l'oppression et n'autorise que des réformes. Mais les réformes ne répondent pas toujours et en temps voulu aux besoins des citoyens d'un État. Elles se heurtent souvent aux intérêts des gouvernements et de ce fait s'accomplissent lentement au grand mécontentement des peuples. Réformes et révolution semblent ainsi constituer les deux éléments conflictuels d'une même opposition réelle. La résolution de cette opposition dépend-elle des volontés humaines ou bien appartient-il à l'histoire de résoudre le conflit en fonction de la légalité de la nature ? Là où les volontés de réformes s'expriment le mieux, la réalisation de ces réformes ne se produit pas forcément. Inversement, les réformes se réalisent lorsque les volontés de changement s'expriment avec moins d'intensité. Ainsi, malgré le succès littéraire et philosophique retentissant de l'*Émile* en France, en 1762, la pédagogie de Rousseau ne peut être mise en pratique parce que les établissements scolaires étaient sous l'emprise des Jésuites et des Frères des Écoles chrétiennes. En Allemagne au contraire, deux réformes pédagogiques, celle des Piétistes puis celle de Basedow aboutissent à la création des *Realschulen* et du *Philanthropin*, indépendamment de la volonté politique du gouvernement prussien. Entre la volonté de réaliser des changements profonds dans une société (l'éducation n'est qu'un exemple parmi tant d'autres), et la réalisation de ces changements, faut-il faire intervenir des médiations qui échappent à la conscience humaine et, pour tout dire, la légalité de la nature ou encore l'histoire des sociétés ne fournissent-elles pas les médiations nécessaires aux réformes ? Il semble que oui puisque comme nous l'avons vu à l'issue de la première partie de notre enquête (I - 2 - 3), l'histoire, au moyen des guerres, rend possible le passage de l'état de nature à l'état de culture. La question que nous posons ici est de savoir comment l'histoire répond à la raison qui commande le changement uniquement au moyen des réformes. La réponse de l'histoire sera-t-elle conforme ou non à la raison, utilisera-t-elle la réforme ou la révolution ?

De la même façon que nous avons examiné la réponse de Kant à la question du droit de révolution envisagé dans son rapport à la légalité naturelle (de la raison dans l'histoire), nous allons par les textes tenter de vérifier la seconde réponse de l'auteur à la question du droit de révolution envisagé dans son rapport à la légalité juridique. Car cette seconde réponse, nous la connaissons déjà en partie : la légalité de la nature fonde d'une certaine manière le droit, matériellement, selon des lois mécaniques qui lui sont propres (cf. la première partie de cet essai). Pourquoi ne fonderait-elle pas le renversement de ce droit au nom d'un droit supérieur ? Celui-ci ferait-il référence à un troisième type de légalité, la légalité juridique ? Qu'en sera-t-il du droit de révolution eu égard à la légalité juridique ?

III - LÉGALITÉ JURIDIQUE ET DROIT DE RÉVOLUTION

Remarques préliminaires et lecture n°3

C'était l'objet de l'anthropologie sociale d'étudier dans notre seconde partie l'opposition réelle entre le sujet moral et le citoyen, entre le vrai souverain de l'État, c'est-à-dire l'idée de la société tout entière et tel souverain particulier, puis l'opposition réelle entre le citoyen et le souverain. L'anthropologie sociale étudiait aussi l'opposition réelle entre l'État-substance et l'État-totalité, entre le contrat originaire et le contrat historique. Or, nous avons observé que ces oppositions ne peuvent se résoudre que si l'on se place à un certain point de vue : du point de vue *a priori*, c'est le contrat originaire, ce sont le souverain-idée, l'État-substance, etc. qui prévalent en tant que valeurs modèles et critères de vérité. En conséquence, envisagé selon la légalité naturelle de la raison, le droit de révolution est un non-sens. On ne peut en effet se réclamer d'un prétendu droit pour renverser l'idée de Droit qui se suffit à elle-même, qui est parfaite. Mais du point de vue empirique, c'est le contrat historique, ce sont tel souverain, l'Etat-totalité … qui prédominent. Par conséquent, envisagé selon la légalité de la nature qui explique la formation de l'État, l'apparition du contrat social, du souverain, le droit est fondé empiriquement et ce qui repose sur la force peut être renversé par la force : la notion de droit de révolution prend alors un sens. En définitive, l'opposition réelle qu'étudie l'anthropologie sociale apparaît sous plusieurs formes et se ramène en dernier lieu à une opposition entre l'*a priori* et l'empirique ou entre la théorie et la praxis. L'anthropologie sociale ne parvient pas à résoudre cette opposition. Elle résout pourtant l'opposition réelle entre la nature et la culture que l'anthropologie culturelle ne pouvait résoudre, en se plaçant au niveau de l'État, c'est-à-dire d'une constitution civile régie par le droit public ; de même que l'anthropologie culturelle parvenait à trouver une solution à l'opposition réelle inhérente à la nature humaine (l'insociable sociabilité) qui faisait, elle, l'objet de l'anthropologie naturelle, en se plaçant au niveau de l'espèce, où l'institution du droit privé met fin aux guerres barbares.

La question que nous posons est donc la suivante : l'opposition réelle entre la théorie et la praxis, insurmontable par l'anthropologie sociale trouvera-t-elle sa solution à un niveau supérieur, grâce à un autre type d'anthropologie ?

Répondons tout de suite que le quatrième type d'anthropologie auquel nous aurons recours est l'anthropologie pragmatique définie succinctement par l'auteur de l'*Anthropologie du point de vue pragmatique*[171] : « la connaissance de l'homme comme citoyen du monde ».

L'anthropologie sociale considère l'homme comme citoyen d'un État et fait apparaître une opposition entre l'un et l'autre. L'anthropologie pragmatique s'occupera de l'opposition entre les hommes d'une part, et le monde de l'autre, c'est-à-dire l'ensemble des États. Voyons si l'opposition réelle principale entre la théorie et la praxis peut se résoudre par l'anthropologie pragmatique. Partant, nous verrons bien si une réponse unique peut être apportée à la question du droit de révolution. De l'anthropologie pragmatique, nous attendons qu'elle réponde pratiquement (ou pragmatiquement) et non théoriquement au problème de la relation entre la morale et la politique, étant entendu qu'une connaissance pragmatique prend en charge l'homme « en tant qu'il tend à l'exploration de ce qu'il fait lui, être de libre activité, peut et doit faire de lui-même[172] ».

---

[171] KANT (1798ᵃ) : Préface, p. 11.
[172] *Ibid.*

Procédons de la même manière que précédemment. Examinons la question du droit de révolution en fonction de la légalité juridique, comme nous invitent à le faire, les 5ème, 6ème et 7ème propositions conjointes de l'*Idée d'une histoire universelle au point de vue cosmopolitique*[173].

En effet, la 5ème proposition met l'accent sur la réalisation nécessaire d'une « société civile administrant le droit de façon universelle ». Il faut mettre ici en relation la nécessité d'une telle réalisation (textuellement, il s'agit de la « contrainte » que la nature exerce sur l'espèce humaine), nécessité qui implique les moyens que sont les guerres et les révolutions, et l'administration universelle du droit. Celle-ci n'appelle-t-elle pas alors comme sa condition, la nécessité de la révolution ?

La 6ème proposition énonce la difficulté du problème de la réalisation de la société civile et précise qu'il ne sera résolu qu'en dernier par l'espèce humaine. « En dernier », c'est-à-dire à la fin de l'histoire s'il est permis toutefois de penser une telle fin, ou, plus exactement d'après la 7ème proposition, à l'échelle planétaire, au moment où ce problème se posera pour l'ensemble de tous les États du globe.

La 7ème proposition affirme précisément que « le problème de l'établissement d'une constitution civile parfaite est lié au problème de l'établissement de relations régulières entre les États, et [qu'] il ne peut pas être résolu indépendamment de ce dernier ».

En définitive, la révolution apparaît comme un des moyens que la nature utilise pour arriver à ses fins ou à sa fin principale qui est l'édification d'une société civile dans laquelle le droit sera administré universellement. Et la condition de la réalisation d'une telle constitution est l'ensemble des relations entre les États, c'est-à-dire comme le précise le commentaire de la 7ème proposition,

[173] KANT (1784a1).

des relations obéissant à des lois fondées sur l'accord des volontés. Ou encore, le droit des gens qui s'occupe des relations entre plusieurs États et plus loin, le droit politique des gens, encore appelé droit cosmopolitique, qui s'occupe des relations régulières entre tous les États à l'échelle de la terre, représentant la condition de possibilité d'une constitution civile parfaite.

La nature a donc recours d'une part aux révolutions et de l'autre, au droit cosmopolitique pour parvenir à sa fin dernière, l'établissement d'une constitution politique parfaite dans laquelle puissent se développer complètement toutes les dispositions naturelles de l'humanité. Le problème est de savoir comment les révolutions et le droit politique sont liés historiquement, en fonction du « dessein de la nature », ou du « plan de la nature » (9ème proposition). Positivement, ou encore selon la légalité de la raison (dans l'histoire), nous savons que la révolution n'est pas légitime et qu'elle est condamnée comme un crime. Mais selon la légalité juridique, c'est-à-dire compte tenu de la dimension historique du droit politique, la révolution ne serait-elle pas réhabilitée ? Dans le cas de la légalité naturelle, il s'agissait bien déjà de considérer la raison dans l'histoire puisque si l'on prend l'exemple du souverain, celui-ci n'est autre qu'une représentation empirique ou historique de l'idée de la société tout entière. Mais dans ce cas, le terme d'histoire est pris dans un sens général et il a pour fonction de situer surtout le problème du droit de révolution dans l'histoire pour montrer que la conséquence empirique de l'absurdité théorique du droit de révolution, c'est la condamnation effective de toute révolution. Partant, c'est la condamnation de la Révolution française aussi bien que des révolutions américaine de 1775 et anglaise de 1640. Relativement à la légalité juridique au contraire, il faut voir que celle-ci est sous-tendue par le processus de l'histoire universelle, l'histoire telle qu'elle développe lentement son cours en fonction d'un plan caché de la nature et en vue d'une fin déterminée. C'est le but précisément de l'anthropologie pragmatique de traiter ce devenir historique dont le moteur est l'opposition réelle entre le droit universel et l'anti-droit qu'est la révolution, ou entre la légalité de la nature et la légalité naturelle de la raison. En conséquence, en fonction de la légalité juridique ainsi comprise, est-ce que la révolution n'élève pas une prétention au droit que lui refuse la légalité naturelle de la raison ?

Étudions la légalité juridique dans son devenir historique, c'est-à-dire telle qu'elle s'institue dans un État, dans plusieurs États, enfin dans la totalité des États sur la terre. Pour ce faire, il nous suffit d'en développer les termes exacts dans notre lecture n° 3 : légalité juridique et droit de révolution (les neuf propositions de l'*Idée d'une histoire universelle au point de vue cosmopolitique* à la lumière des concepts de l'entendement).

Cette lecture, comme les deux précédentes s'effectue par l'application des catégories de la raison pure théorique aux neuf propositions de l'*Idée d'une histoire universelle au point de vue cosmopolitique*.

Selon la quantité, on peut ranger : 1) sous le concept d'unité (en fonction de la première proposition), un État conforme au droit politique ; 2) sous le concept de pluralité (seconde proposition), plusieurs États régis par le droit des gens ; 3) sous le concept de totalité (troisième proposition), l'État cosmopolite réglé par le droit cosmopolitique.

Dans la catégorie de la qualité on peut ranger : 1) sous le concept de réalité (quatrième proposition), l'antagonisme entre la nature et la moralité qui s'exprime dans des guerres entre les États ; 2) sous le concept de négation (cinquième proposition), la contrainte exercée par les guerres sur la raison : c'est l'état de nature des États ; 3) sous le concept de limitation (sixième proposition), l'idée d'un État des Nations ou de Confédération d'États, sans pouvoir souverain.

Dans la catégorie de la relation :1) dans la septième proposition, l'État cosmopolite représente l'idée de substance ou inhérence ; 2) l'État final (*Endzweck*) s'inscrit dans la huitième proposition comme causalité ; 3) sous le concept de communauté ou d'action réciproque (neuvième proposition) se range l'idée de république universelle en tant qu'unification politique totale de l'espèce humaine.

De cette lecture, nous pouvons déduire selon la catégorie implicite de modalité un État cosmopolite qui est posé par le concept de nécessité et se formule par un jugement apodictique (incontestable).

Développons les termes de cette lecture.

L'État, comme nous avons déjà eu l'occasion de le voir est « le tout que les individus en relation entre eux dans un peuple forment par rapport à ses propres membres[174] ». C'est aussi la réunion de ces individus sous des lois juridiques[175] ».

Historiquement, comment naît un Etat, ou encore comment s'instituent ces lois juridiques ? Rappelons qu'à l'état de civilisation, suite à l'échange des premiers besoins d'existence dans les agglomérations, apparaît la seconde division du travail qui se ramène à une opposition réelle entre le travail productif et le travail improductif, à savoir pour ce qui concerne ce dernier, le travail relatif aux arts d'agrément et aux Beaux-Arts. Le contrat social qui fixe les termes de la constitution civile et marque l'institution de la justice publique est le produit de cette opposition réelle. Une « sorte de gouvernement » se met donc en place pour faire respecter le contrat. Il ne s'agit pas encore d'un État. À vrai dire, Kant ne nous éclaire pas

---

[174] KANT (1796-1797) : *Première section du droit public, le droit politique,* § 43, p. 125.

[175] *Ibid.* § 45, p. 128.

sur la formation historique de l'État. Nous pouvons toutefois, sur la base des renseignements qu'il nous donne dans les *Conjectures sur les débuts de l'histoire de l'humanité*, tenter de situer la formation de l'État.

Nous apprenons, en effet, qu'à une certaine période ultérieure, les peuplades de pasteurs et de citadins jusque-là séparées et hostiles se mélangent au sein d'une communauté qui, si elle bénéficie d'un côté de l'arrêt des guerres, voit d'un autre côté sa déchéance arriver. La corruption s'installe, la liberté se perd et l'esclavage est le corrélat du despotisme qui triomphe. C'est là que Kant met fin à son analyse historique[176] et qu'il nous laisse le soin de poursuivre. Il faut insister sur le commerce dont l'auteur nous a touché un mot sans apercevoir une implication fondamentale. Effectivement, avec l'échange des besoins d'existence, avec le commerce tant intérieur qu'extérieur (notamment la colonisation), naît une classe qui ne s'occupe plus de la production mais seulement de l'échange des produits. Cette classe est celle des marchands. Elle coïncide avec la corruption des mœurs, corruption d'autant plus grande qu'est inventée la monnaie et donc la richesse. La richesse s'étend sous trois formes : richesse en marchandises et en esclaves, fortune financière par exploitation et accumulation de la monnaie et richesse en propriété foncière. La répartition de la richesse est iné-

---

[176] Kant analyse les débuts de l'histoire humaine de manière hypothétique, d'où le titre de son essai : *Conjectures*... en s'appuyant souvent sur la lecture de la Bible. C'est dire si son analyse ne revêt pas un caractère historique au sens où nous l'entendons à l'époque contemporaine, par exemple, l'histoire d'Israël, présentée par LIVERANI (2008), sous deux aspects, celui d'une « histoire normale » (*sic*) et celui d'une « histoire inventée ». Quant à nous qui essayons de poursuivre ici l'analyse de Kant, celle des échanges commerciaux et de la formation de l'État, elle reste dans le contexte de ses propres conjectures et de son idée d'une histoire universelle, sans vouloir actualiser ces dernières ou tenter de les interpréter d'une manière contemporaine.

gale puisqu'elle se concentre et se développe dans les mains de cette classe nouvellement apparue de marchands, au détriment des masses laborieuses qui s'appauvrissent de plus en plus. Le despotisme dont parle Kant peut bien être celui d'un tyran[177]. En fait, c'est celui d'une classe de marchands dont dépendent nécessairement le tyran et son entourage politique. Si bien qu'à cette « sorte de gouvernement » (précédant le despotisme) qui correspond en réalité à l'« organisation gentilice », succède une nouvelle forme dure de l'organisation de la société, précisément un État[178].

Selon les principes a priori du droit universel, l'État est l'instance politique et juridique garantissant le mien et le tien par la contrainte générale et réciproque en accord avec la liberté de chacun. Selon la légalité de la nature, ou sur le versant historique, l'État ne garantit qu'un rapport d'injustice entre une classe possédante de parasites sociaux d'une part et, de l'autre, une masse de travailleurs exploités par les premiers. Selon la légalité naturelle de la raison, une révolution constitue la négation des principes universels et nécessaires du droit. Selon l'histoire, le droit de révolution n'est-il pas légitimé du fait qu'il s'agit de renverser un état de choses injuste pour lui substituer un état de choses juste ? Kant ne répond pas pour la bonne

---

177 Nemrod (ou Nimrod), « le premier homme puissant sur la terre » (après le déluge), étend sa domination sur Babylone. Il bâtit Ninive en Assyrie, Rechoboth-Ir, Chalé (ou Calach) et Resen entre Ninive et Chalé ; « ce fut la grande ville » (*Genèse*, 10, 9, 10, 11). Selon LIVERANI (2008), l'Assyrie, et avec elle toute la haute Mésopotamie, [...] était au VIIe siècle le véritable centre du monde, avec ses palais impériaux fastueux, avec sa capitale Ninive, la plus grande ville du monde de l'époque (300 000 habitants).

178 Le déluge, châtiment divin de la corruption humaine, coïncide avec l'apparition de l'État. Quant aux marchands, ne sont-ils pas les « géants de la terre » dont parle la *Genèse* au chapitre 6 du déluge, ces « héros des temps anciens, hommes au grand renom », appartenant à une race perverse » ?

raison qu'il ne s'est pas interrogé comme nous venons de le voir sur l'origine historique de l'État. À l'opposé de cette démarche, il explique dans la *Doctrine du droit* que « l'origine du pouvoir suprême est, pour le peuple qui s'y trouve soumis, inexplorable au point de vue pratique, c'est-à-dire que le sujet ne doit pas discuter activement de cette origine comme s'il y avait là un droit susceptible d'être encore controversé (*jus controversum*) quant à l'obéissance qu'il doit à ce pouvoir[179] ». Non seulement la recherche de l'origine de l'État motivée par l'intention de le remettre en cause ne doit pas être tentée parce qu'elle n'est pas fondée en droit et parce qu'il faut obéir aux institutions en place, mais une telle recherche qui se demanderait si, avec l'État, c'est le fait qui a précédé la loi ou si c'est la loi qui a précédé le fait accompli ne serait qu'une « ratiocination inutile ». Non seulement, matériellement, elle ne pourrait aboutir mais parce qu'elle met l'État en péril du fait qu'on serait tenté de lui opposer une résistance, elle s'expose à une répression justifiée de la part de cet État (de droit) : un sujet qui se livrerait à une telle enquête risque « de plein droit d'être mis à mort ou expulsé ». La seule intention de remettre en doute la loi établie dans cet État est déjà à elle seule « un crime » et si Kant est si virulent devant toute remise en question de la loi étatique établie, c'est parce que derrière elle, il voit l'autorité divine : « Toute autorité vient de Dieu » et, au-delà de l'argument d'autorité, le devoir personnel ou « l'Idée comme principe pratique de la raison –savoir que l'on doit obéir au pouvoir législatif actuellement en place, qu'elle qu'en puisse être l'origine[180] ». Ce serait un contresens de croire que Kant condamne la recherche historique qui questionne l'origine du pouvoir établi. Lui-

[179] KANT (1796-1797) : II, § 49, *Remarque générale sur les effets juridiques résultant de la nature de l'union civile*, p. 134-135.
[180] *Ibid.*

même, dans les *Conjectures sur les débuts de l'histoire de l'humanité* [181]n'a-t-il pas tenté de connaître les débuts de l'histoire de l'humanité, en interprétant la *Genèse* ? Il est vrai que son interprétation s'arrête au moment de la formation de l'État. Pouvait-il d'ailleurs poursuivre plus loin, compte tenu de ses propres principes énoncés précédemment, même en se fixant pour seul objectif de connaître la formation de l'État sans la moindre intention d'en remettre en question les fondements ? Redoutait-il de le faire s'il venait à découvrir, à l'issue de sa recherche anthropologique, la nature problématique de l'État, comme le fera plus tard, en 1884, Friedrich Engels, quand il écrira *L'origine de la famille, de la propriété privée et de l'Etat* ? Ou bien craignait-il que cette question de l'origine le conduise sur les pas de l'auteur du *Discours sur l'origine et les fondements de l'inégalité parmi les hommes* (1755) ? Le refus même d'examiner de front la question au nom de ses principes moraux nous autorise-t-il à parler d'autocensure et de compromis dans sa pensée politique, comme le suggère Domenico Losurdo[182], tout en soutenant entre les lignes et en recoupant les textes, le droit de résistance et le droit de révolution du peuple français législateur en 1789 et condamnant aussi bien la résistance royaliste à la nouvelle constitution révolutionnaire ? Quant à nous, nous ne serons pas aussi affirmatif que le philosophe italien quant à la défense masquée de la révolution par Kant parce que notre approche des textes kantiens est différente. Il nous semble que la défense kantienne du droit de révolution en général (pas seulement la révolution française) est plus structurelle comme nous le montrons en nous appuyant sur les trois lectures de notre recherche, qu'elle est inhérente à la logique de Kant, qu'elle se montre parfois dans l'ambiguïté de son propos,

---

[181] KANT (1786[a]). Cf. aussi l'analyse précédente IVème partie.
[182] LOSURDO (1993).

comme dans sa note importante relative au « droit de nécessité » (*casus necessitatis*)[183], par lequel le peuple investi du pouvoir législatif devient souverain au détriment du monarque qui l'y a contraint. En conséquence, l'autocensure de Kant et les compromis de sa pensée politique existent bien mais ils sont moins commandés par la crainte d'une répression de la part de ses gouvernants autocrates que par la structure double de sa logique, la structure de sa raison pratique qui l'empêche de défendre explicitement la révolution et la structure de sa raison théorico-pratique qui l'autorise à le faire, mais au nom d'une morale supérieure qu'il nous appartiendra de déterminer au cours de cette quatrième partie de notre recherche.

Récapitulons. La constitution de l'État met définitivement fin à l'état de nature (qui, ne l'oublions pas, est un état d'absence de justice, de non-justice ou d'anarchie) et couronne l'état civil. À cet égard, l'État représente donc une organisation juste, ou à tout le moins juridique, qu'il soit le produit d'un contrat historique ou d'un contrat originaire. En réalité, l'étude de l'origine historique de l'État montre qu'il est le produit de la force destiné à garantir les richesses d'une classe privilégiée de possédants. De ce point de vue, l'État est donc une organisation injuste. Selon les lois internes de l'histoire de la nature, l'État apparaît par conséquent tantôt comme une organisation juste par rapport à l'anarchie, tantôt comme une organisation injuste relativement à son organisation interne. Selon la légalité de la raison, l'État est défini une fois pour toutes une puissance garantissant le droit universel. Il est considéré comme une personne morale respectable par tous les citoyens, de la même façon qu'il respecte lui-même les libertés ou l'autonomie des citoyens et qu'il traite ces der-

[183] KANT (1793-1797) : II, *Remarque générale sur les effets juridiques résultant de la nature de l'union civile*, § 49, p. 138-139.

niers comme des fins en soi, pas seulement comme des moyens d'organisation collective. La légalité de la nature fonde (potentiellement) un droit de la nature (*Recht der Natur*)[184] à la révolution, c'est-à-dire un renversement violent d'un État injuste. La légalité de la raison condamne un tel droit et fonde quant à elle, le droit de contrainte de la part du souverain[185], représentant de l'idée de l'État, c'est-à-dire finalement de la loi morale, sans que lui-même puisse être contraint par les citoyens. D'après la légalité de la nature, le droit de la nature rejoint le droit positif une fois sur deux, à savoir lorsqu'il s'agit de passer de l'état de nature à l'état civil, eu égard au sens de l'histoire. En revanche, le droit de la nature s'éloigne du droit positif dès que l'État est en place et qu'il est solidement constitué. À ce moment, le droit de la nature et le droit positif entrent en conflit ou se présentent comme les deux termes d'une opposition réelle dont l'aspect principal est incontestablement pour Kant l'aspect du droit positif. Autrement dit, le droit de révolution est repoussé comme un non-sens.

Mais l'État est-il définitivement structuré et marque-t-il de ce fait la fin de tout état de nature ou, en d'autres termes, signifie-t-il que toute révolution est irrémédiablement illégitime ? Ou bien l'État, s'il est menacé historiquement de disparaître, autrement dit s'il n'est pas réellement une organisation harmonieusement structurée et unifiée ou encore, s'il n'est pas l'expression exacte de la loi, n'autorise-t-il pas à réhabiliter la révolution, moyen naturel de dépasser un état d'insécurité pour réaliser un état de

[184] À ne pas confondre avec le droit naturel (*Naturrecht*) qui repose uniquement sur des principes *a priori*.

[185] À différencier du monarque, prince, régent. Rappelons que le souverain détient le pouvoir législatif et le roi, le pouvoir exécutif. Ces deux pouvoirs sont impérativement séparés entre eux et séparés également du pouvoir judiciaire, selon la tradition des Lumières, cf. KANT (1797-1797) § 49, p. 134.

[22]sûreté, cette fois en conformité totale avec la loi ? Que l'on considère effectivement les États dans les relations qu'ils entretiennent entre eux, en ce XVIIIe siècle, notamment en Europe[186]. Ne peut-on parler d'un état de nature, non cette fois au niveau des individus, mais des États ? Est-on légitimé alors à invoquer un droit de la nature de dépasser cet état d'injustice au second degré pour établir un état de justice universelle et, corrélativement à ce droit de la nature, le pouvoir d'utiliser ce moyen tout aussi natu-

[186] Avec une armée importante, la troisième en Europe, Frédéric II, dès son accession au pouvoir en 1740, va tenter d'unifier un royaume de Prusse morcelé. Nous avons déjà vu qu'en se lançant dans la guerre de succession d'Autriche, il convoitait la Silésie. En 1744, il entama une seconde guerre contre sa rivale et finit par se faire attribuer la Silésie au traité de Dresde, en 1745. En 1756, il s'allia à l'Angleterre contre la France et l'Autriche, subit de graves revers pendant la guerre de sept ans, notamment à Kunersdorf, devant les Russes qui parvinrent à Berlin en 1759. Nous avons évoqué également le dépeçage de la Pologne, en 1772 par la Russie, l'Autriche, la Prusse. Ajoutons cette étrange guerre de la Prusse et de la Saxe contre l'Autriche, en 1778, la *Kartoffelkrieg* (guerre des pommes de terre) qui se transforma en une rapine sur le dos des paysans. Sous le règne de Frédéric Guillaume II, neveu du précédent, Kant prit connaissance en 1787 de la guerre de la Prusse contre les Pays-Bas, puis le 27 août 1791, de la déclaration de Pillnitz entre Frédéric Guillaume II et l'empereur d'Autriche Léopold II, dans le but de soutenir Louis XVI, après l'incident de la fuite de la famille royale et son arrestation à Varennes (21 Juin 1791). Frédéric Guillaume III était moins porté à la guerre. En l'espace de sept années (de 1797, date du début du règne du fils de Frédéric Guillaume III, à 1804, date du décès de Kant), l'auteur devait être plus préoccupé par ce qui se passait en France que par la vie de cour en Prusse ; d'ailleurs, dès l'exécution de Louis XVI, le 21 Janvier 1793, jusqu'au coup d'Etat du 19 Brumaire an VIII (10 novembre 1799) en passant par les guerres contre-révolutionnaires, les faits de guerre se poursuivirent sans relâche, au moins jusqu'au congrès de Vienne en 1815, après les guerres napoléoniennes. Ces exemples entre 1740 et 1815 ne témoignent-ils pas en faveur de la thèse selon laquelle les États européens sont bien plongés, au moment où Kant écrit son œuvre, dans un état de nature des États, puis après lui, s'y enfoncent progressivement ?

rel qu'est la révolution ? Autant de questions auxquelles nous nous proposons de répondre.

Dans la *Doctrine du droit,* il est clairement indiqué que « les États, considérés dans leur rapport extérieur réciproque, sont par nature (comme des sauvages sans lois) dans un état non juridique » et que « cet état est un état de guerre (du droit du plus fort), quand bien même il n'y a pas réellement de guerre, ni véritablement de combats permanents (hostilité) ». Cet état correspond bien à celui dont nous venons de parler, c'est un état de nature des États. Et quand bien même, ajoute Kant « aucun ne subit certes d'injustice de la part de l'autre », cet état est « contraire au droit » et oblige les États voisins à en sortir[187] ». Toute la question est de savoir comment sortir de cet état, exactement comme nous nous demandions au début de l'histoire de l'humanité comment il fallait sortir de l'état de nature pour accéder à un état de culture. La réponse se situe dans le même champ du droit. Pour passer de l'état de nature à l'état de culture, le droit s'imposait, sous ses trois formes progressives, le droit réel, le droit personnel et le droit personnel-réel de l'espèce. Ce droit relevait du droit privé. A présent, c'est dans le droit public et tout particulièrement dans le droit des peuples[188] que réside la solution du passage d'un état de nature des États à ce que nous pourrions appeler un état de culture des États. Ce dernier est conditionné par un « contrat social originaire » entre les peuples qui décident « de se protéger réciproquement contre les agressions extérieures ». Cette alliance entre les peuples est une « fédération » libre sans « aucune puissance souveraine », susceptible d' « être dénoncée à tout moment » et « renouvelée de temps en temps », cela afin d'éviter de retomber dans « un état de guerre effectif

[187] KANT (1796-1797) : *Deuxième section du droit public, Le droit des peuples*, § 54.
[188] *Ibid.*

entre les alliés ». Cette fédération définit le « droit des gens ». Elle fait penser à la Ligue de Délos, vers 478 av. J.-C., confédération des États grecs établie après leur victoire sur les Perses, au cours des guerres médiques, du moins au début de sa création, puisqu'elle s'identifiait à une alliance militaire (symmachie) défensive et offensive. Là s'arrête la comparaison car fondée sous l'égide d'Athènes, la ligue de Délos vit s'installer de plus en plus la suprématie d'Athènes et son pouvoir devint l'équivalent du pouvoir d'un suzerain sur ses vassaux. En 454, Athènes n'arrangea pas la situation de la ligue qui commençait à se détériorer en raison des tiraillements internes (Cimon d'Athènes contre Thémistocle) et des dissensions externes (entre Sparte et Athènes par exemple, révoltes dans certaines cités grecques ioniennes de la côte d'Asie mineure) en rapatriant le trésor de la ligue, de Délos à Athènes.

Voilà pourquoi la fédération des peuples que propose Kant ne doit être dirigée par aucune puissance souveraine et c'est aussi la raison pour laquelle sa composition doit être souple et renouvelable.

Il existe donc bien un droit *a priori* des États à utiliser la violence pour sortir de l'état de nature des États, tout comme il existe un droit *a priori* des individus groupés en peuplades à utiliser la force pour créer un peuple, des familles et un État. Le droit inné qui fonde les individus à combattre l'état de nature par la force pour réaliser un état où règnent la liberté et l'égalité obéissant à une loi générale s'appelle le droit naturel. Par analogie, on peut dire que c'est aussi le droit naturel des États considérés comme individus à une autre échelle, de faire violence à l'état de nature des États pour réaliser un état de paix universelle. Ce dernier droit, Kant l'appelle le « droit des gens » (*völkerrecht*), traduit également aujourd'hui par « droit des peuples ou droit international » ou plus exactement, le « droit des États » (*Staatenrecht*), parce qu'il est dérivé du

« devoir du souverain envers le peuple (et non l'inverse) ». Rappelons que le souverain n'est autre que le pouvoir législatif, et qu'il est constitué par les représentants du peuple[189].

En conséquence, le droit des États implique trois choses : le droit de déclarer la guerre ; le droit pendant la guerre ; le droit après la guerre. Il importe davantage de développer ici le second point car, comme ne manque pas de le souligner l'auteur, le droit dans la guerre est celui qui dans le droit des gens présente le plus de difficultés. En effet, s'il est aisé de comprendre qu'un État qui s'estime lésé a le droit de recourir à la force étant donné qu'il ne peut intenter un procès à un autre État, procès qui n'est possible que dans l'état juridique, si l'on peut admettre également aisément qu'après la guerre, un État vainqueur impose la paix au vaincu par un traité, sans pour autant donner à ce traité un caractère pénal, il est plus difficile de concevoir, sans tomber en contradiction avec soi-même, « une loi dans cet état exempt de lois (*inter arma silent lèges* : au milieu des armes, les lois se taisent), cette loi fût-elle de faire la guerre d'après des principes tels qu'il soit toujours possible de sortir de cet état de nature des peuples dans leurs rapports extérieurs et d'entrer dans un état juridique[190] ».

---

[189] « C'est donc uniquement le peuple qui peut juger chacun de ceux qui lui appartiennent, bien que ce soit de façon médiate, grâce à ses représentants qu'il met en place lui-même à cette fin (le jury) » cf. KANT (1796-1797) : II, § 49, p. 134. En outre, le pouvoir législatif est « irréprochable (irrépréhensible) », *ibid.*, p. 132.

[190] Cette traduction de Philonenko nous semble mieux convenir que celle de Alain Renaut qui substitue à « cette loi fût-elle de faire la guerre », l'expression « il faudrait en effet que cette loi ordonnât de mener la guerre » car cette dernière traduction laisse entendre qu'en introduisant dans la loi hypothétique cette clause, la contradiction dont on parle serait levée, ce qui n'est pas vrai, cf. KANT (1790[a]) : § 57, p. 222.

Cependant, Kant ne lève pas la difficulté qu'il se contente de signaler dans ce paragraphe 57. Cette loi à l'état de nature des États ne pouvant exister sans contradiction, l'auteur énumère une dizaine de conditions d'une « bonne guerre », en quelque sorte, afin de sortir de cet état de guerres permanent. Pour prendre quelques exemples, cette guerre entre États ne doit pas être punitive, elle ne doit pas être non plus une guerre d'extermination, ni une guerre d'asservissement, elle ne doit pas procéder à des acquisitions, elle ne doit pas empêcher les sujets de l'État vaincu d'être citoyens, etc. Ces conditions, toutes négatives, comme nous le constatons, qui se poursuivent dans le paragraphe suivant, ne constituent pas une réponse cohérente à la question de la justification d'une guerre au cours de l'état de nature des États. Une guerre juste est-elle d'ailleurs possible dans cet état ? Kant ne le dit pas. En revanche, il définit « l'ennemi injuste » au paragraphe 60 : un ennemi injuste est « celui dont la volonté publiquement exprimée (que ce soit dans ses paroles et dans ses actes), trahit une maxime d'après laquelle, si elle était érigée en règle universelle, nul état de paix ne serait possible entre les peuples, mais l'état de nature ne pourrait qu'être éternel[191] ».

Cette définition contient implicitement celle d'une « guerre juste », à supposer que ce concept puisse être consistant. Acceptons pour le moment ce concept comme valide car il y va de la solution apportée par l'auteur à la sortie de l'état de nature des États et à l'établissement d'une paix perpétuelle entre ces derniers. Que serait donc une « guerre juste » ? La première partie de la phrase précédente nous renvoie au principe transcendantal de la publicité du droit public (*supra* II - 2 - 2 - 3 - 3) : autrement dit, pour qu'une guerre soit juste, il faut d'abord qu'elle fasse l'objet d'une publication volontaire. Plus simple-

[191] KANT (1796-1797) : § 60, p. 176.

ment, il doit y avoir déclaration de guerre de l'un des deux camps. Mais pour que cette déclaration accède au droit, il est nécessaire que l'autre camp l'accepte. Alors un contrat s'établit entre les futurs belligérants et la guerre rendue ainsi en quelque sorte légale pourra avoir lieu : « Si l'on veut jamais trouver une dimension de droit dans l'état de guerre, force est d'admettre quelque chose d'analogue à un contrat, à savoir l'acceptation de la déclaration de l'autre partie, comme reconnaissance que l'une et l'autre entendent rechercher leur droit de cette manière[192] ». Deuxièmement, essayons d'appliquer à chaque déclaration la maxime se réclamant d'une règle universelle, en d'autres termes, celle de l'impératif catégorique. Nous voyons alors que seule la guerre est universalisable, qu'un état de paix est impossible. Ce qui signifie que la dizaine de conditions (négatives) énumérées par Kant aux paragraphes 57 et 58 sous lesquelles une « bonne guerre » est acceptable se présente comme superflue du fait qu'aucune guerre ne saurait être considérée comme juste, en vertu de la règle de la loi morale[193]. Au mieux, ces conditions ne peuvent qu'« humaniser » la guerre, ou à tout le moins, la rendre moins barbare. D'ailleurs, au paragraphe 60, l'auteur reconnaît que l'expression d' « ennemi injuste est pléonastique » dans un état de nature et que lui résister « équivaudrait de ma part à agir injustement ». Il en vient d'ailleurs à reconnaître que dans l'état actuel des choses, « la paix perpétuelle (but ultime de tout droit des peuples) est assurément une idée irréalisable », ce qui ne veut pas dire qu'il faille s'abstenir de « se rapprocher continuellement du but » au moyen d'alliances entre les États et les principes politiques qui guident ces alliances commandent une « tâche fondée sur le devoir », par conséquent aussi

[192] *Ibid.*, § 56, p. 172.

[193] Concernant l'impossibilité de fonder le droit de guerre dans la logique même de Kant, cf. LLINARES (2015) : § IV - 2 -5.

sur le droit des hommes et des États. L'idée d'un tel rapprochement des États est quant à elle tout à fait réalisable. Enfin, la dernière ligne qui clôt cette section du droit public est significative puisqu'elle considère la guerre pour ce qu'elle est, « une manière barbare (à la façon des sauvages) de trancher les différends entre les peuples ».

Pourtant, dans cette seconde section du droit public, malgré les ambiguïtés de l'auteur vis-à-vis du droit de guerre, celui-ci n'est pas expressément rejeté. On peut même dire qu'il le maintient. De quelle façon ? Il va sans dire que l'« originarité » de ce droit des États à la guerre repose, comme d'ailleurs l' « originarité » du contrat social dans un État, sur l'impératif catégorique. L'impératif moral est en effet « un principe de devoir, d'où l'on peut ensuite dériver la faculté d'obliger les autres, c'est-à-dire le concept de droit[194] ». D'ailleurs, n'y a-t-il pas un lien de cause à effet entre le contrat originaire et le droit originaire des États à la guerre si l'on pense que le premier établit une relation déterminée entre le souverain et le peuple et que le second, comme nous l'indiquions plus haut, est dérivé du devoir du souverain envers le peuple. Il semble donc que, en vertu de ce devoir du souverain envers le peuple qui consiste à défendre l'État-totalité dans son organisation, expression de la volonté générale, l'acte de guerre soit érigé en droit. Seulement, la guerre entre plusieurs États ne vient-elle pas détruire les contrats sur lesquels chacun d'eux se fonde ? Sans doute, mais cela ne nuit aucunement au droit à la guerre puisque la guerre entreprise par un État ne peut constituer une violation d'un contrat qui n'existe pas entre lui et les États voisins. Le seul contrat est celui qui a été passé à l'intérieur de chaque État. Quant à la déclaration de guerre évoquée précédemment, elle est « analogue » à un contrat mais n'en est pas un et encore moins un contrat pacifique. Elle

[194] PHILONENKO (1968) : Introduction, p. 58.

oblige simplement, après accord mutuel, à ouvrir légalement les hostilités. En revanche, la révolution dans un État est condamnable car elle rompt un contrat intérieur à cet État et il est absurde de prétendre qu'elle repose sur un droit puisque le seul droit qui puisse exister se fonde sur le contrat originaire. En conséquence, eu égard au contrat originaire, la guerre repose bien sur un droit, mais non la révolution.

Pourtant, la question ne paraît pas réglée. En effet, comme nous venons de le voir, le droit à la guerre se fonde positivement sur le contrat originaire intérieur et, négativement, sur la violation d'un contrat originaire extérieur (inexistant dans l'état de nature des États). Or, comment se peut-il qu'un État qui, régi par la loi universelle sur laquelle repose le contrat, en vienne à entrer en conflit avec un autre État qui obéit à sa propre loi ? Comment un état de nature des États est-il possible du moment que chaque entité est censée être réglée par le droit politique ou le droit public ? Comment un État peut-il être assimilé à un individu de l'état de nature qui lui n'obéit qu'à la loi de l'instinct ou à la loi du plus fort ? Il faut en déduire que, de même qu'en dépit d'un droit naturel de l'individu fondé sur des principes *a priori* l'individu obéit aux lois de la nature, de même, en dépit du contrat originaire, en dépit de la définition de l'État-totalité, chaque partie de l'État, que ce soit le souverain, le régent, le juge ou les citoyens actifs et passifs, ne correspond pas en fait à sa définition. Pour prendre l'exemple de la révolution française, Louis XVI, en convoquant les États généraux en 1788, se démet de sa fonction de législateur pour la remettre entre les mains des représentants de la nation. La révolution elle-même renverse le rapport entre le roi et les citoyens[195]. On

---

[195] Nous pourrions prendre n'importe quel autre exemple d'État. Nous verrions qu'aucun d'eux ne correspond à sa définition d'État-totalité

voit donc que dans les faits, l'État ne correspond pas à sa définition d'organisation hiérarchisée, harmonieuse et fixe. La structure de l'État est appelée à se transformer dans l'histoire et c'est parce qu'on ne peut compter sur sa stabilité que l'État est assimilé à un individu de l'état de nature.

Il faut en conclure que le droit des États à la guerre n'est valable qu'en théorie parce qu'ils sont légitimés à défendre le contrat originaire. Mais en fait, on ne peut accorder à un État-individu quelque droit que ce soit à la guerre ou à la révolution, puisque la guerre ou la révolution ne sauraient défendre le droit du plus fort qui n'est pas un droit. Si, en conséquence, un État n'a le droit de recourir à la guerre qu'à la condition de coïncider avec sa définition d'État-totalité et si, en attendant, il est loin de répondre à cette condition, ou encore, si pendant l'état de nature des États, toute guerre n'est pas réalisable pendant l'état de nature, un tel droit n'est-il pas absurde ? Car l'état juridique où les conflits peuvent se régler par des procès est un état dans lequel on n'a pas besoin de rendre la justice au moyen de la guerre. En réalité, nous pensons que le droit à la guerre selon Kant n'est pas une notion absurde à la condition d'être fondé non pas sur la définition de l'État-totalité ou encore sur la notion de contrat social originaire intérieur à un État, mais sur un contrat social originaire extérieur. Dans un État-totalité en effet, où chaque partie occupe la place qui lui est dévolue par la loi d'origine rationnelle, il n'y a pas lieu ni pour le peuple, ni pour le souverain d'avoir recours à la guerre. Et il en est de même pour tous les autres États-totalités. Au contraire, l'idée du contrat social originaire extérieur peut fonder un droit de guerre. Tout d'abord, un tel contrat conditionne une « alliance des peuples [*Völkerbund*], conçue selon

---

et que, par conséquent, aucun d'eux ne peut bénéficier en fait du droit de faire la guerre.

l'idée d'un contrat social originaire ». Cette alliance « est nécessaire, par laquelle ils résolvent certes de ne pas se mêler, les uns vis-à-vis des autres, de leurs discordes intestines respectives, mais en tout cas de se protéger réciproquement contre des agressions extérieures[196] ». Ce contrat est bien une exigence de la raison, une idée à réaliser, un fil conducteur. C'est un devoir pour le souverain de réaliser cette alliance ou cette confédération d'États. C'est en ce sens que le droit de guerre peut être dérivé de l'idée du devoir du souverain envers son peuple.

Si au contraire, on fait reposer le droit de guerre sur le contrat originaire intérieur, on ne trouve pas de raison de faire appel à un droit de guerre puisqu'un État fondé sur ce contrat doit respecter sa propre constitution et il en va de même pour les autres États. Peut-on objecter que l'idée du contrat originaire intérieur est également une idée à réaliser et que comme l'État-totalité, cette idée n'existe pas en fait et qu'on est légitimé à se rapprocher de sa réalisation au moyen de la guerre ? Non, car alors la révolution elle-même doit être légitimée et l'on sait que Kant refuse cette idée. Donc l'État-totalité existe bien dans l'état civil.

Comme nous le voyons la tentative de résoudre la question du droit des États à la guerre se solde par des contradictions inévitables. Mettons-les en évidence et montrons-en les conséquences.

III - 1 Le droit de faire la guerre est accordé aux États

III - 1 - 1 En théorie (en raison du contrat originaire que la guerre doit défendre)

[196] KANT (1796-1797) : II, § 54, p. 169.

Deux hypothèses s'offrent à nous : soit l'État-totalité existe et la contradiction réside dans l'idée qu'un État-totalité qui respecte par définition le contrat originaire n'a pas besoin d'un tel droit ; soit l'État-totalité n'existe pas en fait sous une forme définitive ; c'est une idée à réaliser et le droit de guerre est donc concevable ; mais alors, le droit de révolution est permis. Ce qui est inacceptable pour Kant. En conclusion, le droit de faire la guerre ne peut être accordé sans absurdité que dans l'hypothèse où l'État-totalité n'existe pas, donc dans la pratique.

III - 1 - 2 Dans la pratique (pour une raison théorique : réaliser l'idée du contrat originaire extérieur)

Le droit à la guerre est accordé et le droit de révolution aussi, implicitement. On comprend alors pourquoi Kant écrit que « tout droit des peuples, ainsi que tout mien et tien extérieurs susceptibles d'être acquis ou conservés par la guerre, sont, avant cet événement, simplement provisoires et ne peuvent prendre une valeur péremptoire, en même temps qu'un véritable état de paix ne peut s'instaurer, que dans le cadre d'une universelle union des États (conçue par analogie avec l'union à travers laquelle un peuple devient un État)[197] ».

III - 2 Le droit des États de faire la guerre n'est pas accordé

Il ne l'est pas en théorie comme dans la pratique, parce qu'une seule hypothèse est possible, celle selon laquelle

[197] Kant (1796-1797) : § 61, p. 176-177.

l'État-totalité existe. Dans ce cas, ni la guerre, ni la révolution ne constituent un droit et Kant est conséquent[198].

III - 3 Conclusion

Il faut choisir entre III - 1 et III - 2. Soit on accorde le droit de guerre, soit on ne l'accorde pas. Et il semble que Kant choisisse clairement de l'accorder dans la *Doctrine du droit*. Dans ce cas, il ne lui reste plus qu'à accorder le droit de guerre dans la pratique en même temps que le droit de révolution pour une raison théorique : il s'agit de réaliser le contrat originaire extérieur en tant qu'il nous commande de la faire. En même temps, le contrat originaire extérieur peut être lié au contrat originaire intérieur dans la mesure où ce dernier commande de manière analogue de réaliser un État-totalité au moyen ou non de la révolution. Dans les deux cas, on obéit à un devoir moral car on sait que le contrat originaire repose sur l'impératif catégorique. Et le devoir fonde le droit de sortir de l'état de nature (état de nature des individus dans le premier cas, état de nature des États dans le second) pour accéder à un état juridique (État-totalité dans le premier cas, confédération des États dans le second), au moyen de la révolution dans le premier cas, de la guerre dans le second. On comprend à présent qu'il puisse existER un « droit originaire à la guerre que possèdent, les uns vis-à-vis des autres, à

---

[198] Cf. LLINARES (2015). C'est à cette idée qu'aboutit Kant dans sa conclusion à la *Doctrine du droit* : « [...] la raison moralement pratique exprime en nous son *veto* irrésistible : il ne doit pas y avoir de guerre (souligné dans le texte), ni celle qui peut intervenir entre toi et moi dans l'état de nature, ni celle qui peut surgir entre nous en tant qu'États », KANT (1796-1797) : *Troisième section du droit public, Le Droit cosmopolitique*, p. 182. Quant à la révolution, elle est condamnée une dernière fois au bénéfice des réformes, dans la conclusion de l'appendice du même ouvrage.

l'état de nature les États libres (éventuellement pour fonder un état s'approchant de l'état juridique) » (§ 55) et que « dans l'état de nature des États, le droit à la guerre (le droit de déclencher les hostilités) [soit] pour un État le moyen licite de défendre son droit contre un autre État, (...) quand il se croit lésé par celui-ci, à l'aide de ses propres forces » (§56) ; et pareillement un droit originaire des peuples libres (non des peuplades) vivant entre eux dans l'état de nature des États (comprenant des États-individus), à faire la révolution pour arriver à fonder un État-totalité, condition de possibilité d'une confédération des États.

Le droit de révolution est donc une implication du droit des États de faire la guerre. Il est vrai que Kant lui-même ne montre pas cette implication. Au contraire, il affirme en plusieurs endroits qu'un tel droit est une injustice, même dans le cas où on l'invoque pour justifier la sortie de l'état de nature et l'accès à un état de paix juridique. Dans la seconde partie de notre recherche, nous avons vu en quoi Kant refuse à la révolution tout droit qui puisse la justifier, eu égard à la légalité naturelle de la raison dans l'histoire et comment il entend lui substituer des réformes. Pourtant, nous venons de découvrir que, relativement au droit de guerre accordé explicitement par l'auteur pour combattre une injustice qui lui est faite par un État voisin et ainsi sortir d'un état de nature entre États, afin de viser à l'instauration d'un État cosmopolitique, Kant admet implicitement (sans jamais le déclarer ouvertement et même en déclarant le contraire) un droit de révolution. Cette ambiguïté (voire cette antinomie, dynamique et non mathématique, pour éviter le terme de contradiction qui lui n'appelle pas de solution) de Kant vis-à-vis du droit de révolution est déjà apparue dans notre analyse. Elle apparaît encore dans cette étrange note du paragraphe 49 de la

Doctrine du droit[199] sur laquelle nous nous arrêterons un instant, avant de montrer comment une telle ambiguïté des propos de Kant finit par s'éclaircir.

III - 4 Ambiguïté de la réponse kantienne au droit de révolution, dans la longue note du § 49.

Cette note commence par la supposition d'une déposition volontaire de la couronne par un monarque poussé par son peuple, mais sans violence. Cette contrainte qui n'est pas autre chose qu'« un crime », comme le rappelle ici l'auteur trouve une explication qui nous surprend. En effet, l'argument en faveur du peuple qui contraint son roi à l'abdication est celui du « droit de nécessité » qui jusque-là a été présenté comme un non-sens (cf. II - 2 - 1 - 4). Comme le montre aussi l'auteur dans la seconde partie de l'appendice à l'Introduction à la Doctrine du droit, la devise du droit de nécessité étant « Nécessité n'a pas de loi », « il ne peut y avoir de nécessité qui rende légal ce qui est injuste ». De plus cette devise est contradictoire dans les termes puisqu'elle s'énonce elle-même comme une loi.

Cet argument du droit de nécessité en faveur du peuple n'est donc pas recevable ici, même si l'auteur nuance ce droit en ajoutant qu'il ne confère pas au peuple « le moindre droit de punir le souverain, à cause de son administration passée ».

Dans une seconde observation, Kant affirme que lors du renversement d'un État par une insurrection, le plus grave n'est pas le meurtre même du monarque, alors qu'il

---

[199] KANT (1796-1797) : *Deuxième partie, Le Droit public*, § 49, p.138-139.

ajoute un peu plus bas que « la chose est considérée comme un crime qui reste éternel et ne peut jamais être effacé (*crimen immortale, inexpiabile*), et elle ressemble à ce que les théologiens appellent un péché qui ne peut jamais trouver de rémission, ni dans ce monde, ni dans l'autre ». Outre que l'argument religieux du péché est superfétatoire par rapport à l'argument moral qui condamne le crime, on peut se demander pourquoi ce meurtre du roi n'est pas le plus grave. Avant de répondre à cette question, Kant invoque « la crainte du peuple » pour expliquer le régicide. Quelle crainte ? Celle « que le monarque, s'il restait en vie, ne fût capable de se ressaisir et ne lui fît subir la punition méritée ». Et en ce sens, ajoute-t-il, il ne se serait point agi d'un acte de justice pénale, mais simplement d'autoconservation ». Cet argument psychologique de la peur est d'ailleurs repris en fin de note : « on a donc raison d'admettre que le consentement à de telles exécutions ne provenait pas effectivement d'un principe prétendument juridique, mais de la crainte devant la vengeance de l'État, s'il venait à reprendre vie un jour ».

À la lecture de ces lignes, on ne peut s'empêcher de s'interroger sur l'intention de Kant. Cherche-t-il à atténuer les motivations qui ont poussé le peuple à ce qu'il a appelé tout à l'heure un crime inexpiable ? Il est difficile de répondre de manière univoque, d'autant plus que la note se termine par l'idée de « travestissement », comme si le régicide devait être masqué par un sentiment de crainte et d'autoconservation de la part du peuple, un travestissement qui ne peut qu' « échouer ».

Il n'en reste pas moins que l'auteur s'interroge dans cette longue note pour comprendre le meurtre du monarque au cours de la révolution, qu'il s'agisse de celui de Charles 1er en Angleterre ou celui de Louis XVI. Son explication ne doit pas être confondue avec une justification et il le fait savoir suffisamment par ailleurs dans cette note. Pourtant lorsqu'il invoque l'idée d' « une maxime adoptée par le criminel (celle de prendre pour règle un tel forfait) », une maxime qui pourrait être dérivée d' « une impulsion sensible », et c'est l'explication par le sentiment de peur, il précise que la transgression de la loi « ne serait pas commise par lui en tant qu'être libre et elle ne pourrait lui être imputée ». Et là, on ne peut contester que l'explication de Kant vire à la justification. Le plus important de l'ensemble de cette note nous paraît résider dans l'interrogation qui suit et dans la réponse qu'il esquisse, sans la préciser : « Mais comment il est possible pour le sujet de concevoir une telle maxime, contre le clair commandement de la raison législatrice, c'est absolument inexplicable ; seuls, en effet, les événements qui se produisent selon le mécanisme de la nature sont susceptibles d'explication » cf. note du § 49, p. 138-139.

Pour mieux comprendre ces lignes que nous mettons en exergue, nous allons nous référer à la neuvième proposition de l'*Idée d'une histoire universelle au point de vue cosmopolitique.*

« Il faut considérer qu'une tentative philosophique pour traiter de l'histoire universelle d'après un plan de la nature qui vise la parfaite union civile dans l'espèce humaine est possible, et même favorable pour ce dessein de la nature[200]. » Quel est en effet le dessein de la nature ? C'est de réaliser « une constitution politique parfaite sur le plan intérieur, et en fonction de ce but à atteindre, également parfaite sur le plan extérieur[201] » (8ème proposition). C'est Kant qui souligne et il est important de le souligner à notre tour pour confirmer ce que nous disions plus haut, à savoir que la réalisation de l'État-totalité est la condition de possibilité d'un état cosmopolitique. Sur le plan intérieur, il

[200] KANT (1784a2).
[201] KANT (1784a1).

semble que Kant pense à une république d'un type particulier et sur le plan extérieur, à une république universelle.

III - 5 L'État républicain

La constitution républicaine selon Kant correspond à l'administration d'un « État sous l'unité d'un chef (le monarque), en analogie avec les lois que se donnerait un peuple lui-même, d'après les principes universels du droit[202] ». Dans l'essai *Vers la paix perpétuelle*[203], il précise que « la constitution (républicaine) qui se fonde sur les trois principes (liberté de l'homme, dépendance des sujets, égalité du citoyen) est la seule qui dérive de l'idée du contrat originaire et sur laquelle doit se fonder toute la législation juridique d'un peuple ». Donc cette constitution « est en elle-même, en ce qui concerne le droit, celle qui fonde originairement toutes les espèces de constitutions civiles ». Une fois de plus, soit dit en passant, se confirme l'idée selon laquelle l'instauration de la république dans un pays est la condition de possibilité de toutes les autres républiques, c'est-à-dire de la République universelle. L'essai *Vers la paix perpétuelle* confirme que « la constitution civile de chaque État doit être républicaine[204] ». « La constitution républicaine [en effet], outre la clarté de son origine, expression de la source pure de l'idée de droit, a encore l'avantage de nous faire espérer la paix perpétuelle[205]. »

Des trois pouvoirs présents dans l'État ou de ces trois régimes politiques que sont la monarchie, l'aristocratie et la démocratie, quel est celui qui représente le mieux la

---

[202] KANT (1798[c]). p.104.
[203] KANT (1795).
[204] KANT (1795) : *1er article définitif*, p. 91.
[205] *Ibid.* p. 93.

république ? Dans plusieurs œuvres[206], Kant définit la république par la réunion du pouvoir, de la liberté et de la loi et la distingue de la démocratie qui se confond pour lui avec le despotisme dans lequel s'exercent la loi et le pouvoir, sans la liberté. Dans *Vers la paix perpétuelle*, encore, Kant identifie la démocratie et le despotisme. Il écrit qu'« un despotisme sans âme, après avoir étouffé les germes du bien, finit toujours par conduire à l'anarchie[207] ». Dans la *Doctrine du droit*, pour nous limiter à ces quelques exemples, après avoir énuméré les trois formes de pouvoirs possibles, l'autocratie, l'aristocratie, la démocratie, Kant marque très nettement sa préférence non pour l'autocratie, où l'autocrate s'identifie au souverain, mais pour le monarque qu'il substitue à l'autocrate. Le monarque en effet n'est pas le souverain, il « se borne à le représenter ». Enfin, en conclusion de ce paragraphe 51, « la monarchie (...) est la meilleure constitution politique dès lors que le monarque est bon (c'est-à-dire dès lors qu'il a, non seulement la volonté, mais aussi l'intelligence qu'il faut) » ; le reste de la phrase se perd en tautologies que l'auteur reconnaît d'ailleurs étrangement comme telles : « meilleure constitution », « meilleur régent », la monarchie est « la meilleure... »

Ce que Kant entend par République est donc bien la monarchie, pourvue d'une représentation populaire qui se fonde sur les trois principes : liberté des membres d'une société comme hommes, dépendance de tous comme sujets à l'égard d'une législation unique et commune et, enfin, terme synthétique, égalité de tous comme citoyens. Cette monarchie à représentation populaire est donc le but inscrit dans le dessein de la nature. Elle est parfaite parce qu'elle est conforme à l'idée d'une république nouménale, « dans laquelle ceux qui obéissent à la loi doivent aussi,

---

206 KANT (1795) p. 97, (1798[b,c]) p. 104 sqq

207 KANT (1795) p. 125.

réunis en corps, légiférer[208] ». Elle rend possible la réalisation d'une constitution politique parfaite sur le plan extérieur, en d'autres termes, une société cosmopolitique.

Comment la nature parvient-elle à réaliser le premier objectif de l'Etat républicain ? « Une société politique, répond Kant, constituée conformément à cet idéal (la république nouménale) (...), ne peut être péniblement obtenue qu'après maintes hostilités et maintes guerres[209]. » Soulignons la négation restrictive « ne ... que » qui ne doit pas être prise pour une simple façon de parler mais désigne une véritable nécessité naturelle. Cette nécessité obéit à la loi mécanique de l'opposition réelle dont nous avons amplement montré l'application dans la première partie de notre enquête. Elle explique que la nature doit nécessairement avoir recours aux guerres et aux révolutions pour réaliser la concorde.

III - 6 L'état cosmopolitique

La constitution d'un État républicain conditionne la réalisation d'un état cosmopolitique. Ce dernier n'a d'ailleurs rien d'un État fédératif. Il désigne plutôt une fédération des États[210] qui constitue une « alliance de paix » *foedus pacificum* plutôt qu'un traité de paix qui n'est que provisoire. L'alliance de paix, ou la fédération, ou la Société des Nations a pour but de mettre fin à jamais à toutes les guerres.

Cette fédération, ajoute Kant sur le ton de l'optimisme (il ne s'agit nullement d'un optimisme béat comme nous allons le voir, mais d'un optimisme fondé sur une philosophie de l'histoire) doit pouvoir s'étendre progressivement

[208] KANT (1798[c]) p. 229-230.
[209] *Ibid.* p. 230.
[210] KANT (1795) p. 99.

à tous les États à partir d'un « centre d'alliance fédérative », si celle-ci se constitue un jour. Il écrit plus précisément : « s'il arrivait, par bonheur, qu'un peuple puissant et éclairé se constituât en une république (qui par nature, doit incliner à la paix perpétuelle), il y aurait ainsi un centre d'alliance fédérative à laquelle les autres États pourraient adhérer, afin d'assurer ainsi leur liberté, conformément à l'idée du droit des gens, et d'étendre cette alliance peu à peu à d'autres associations de ce genre[211] ». Il est probable que Kant, en écrivant ces lignes en 1795 ait eu en tête l'idée de la révolution française, du moins en ses débuts, entre 1789 et 1792. Le conditionnel employé dans ce passage prend alors le ton de la modestie du philosophe qui émet une hypothèse réservée sur l'histoire en train de se dérouler sous ses yeux. L'état cosmopolitique, distinct d'un État et par conséquent sans chef d'État, pouvant de plus réunir en permanence les différents États, doit se fixer pour objectif de réaliser la paix perpétuelle sur la terre, garantie par le droit cosmopolitique.

Comment la nature parvient-elle à réaliser le but suprême de l'espèce humaine, c'est-à-dire précisément une république universelle garantie par le droit cosmopolitique ? Selon le même mécanisme utilisé pour réaliser un État républicain, à savoir un processus historique mû par ce véritable moteur qu'est la loi de l'opposition réelle. Ici, le moyen utilisé est seulement l'antagonisme entre les États, c'est-à-dire les guerres. Kant achève l'*Anthropologie*[212] sur cette réflexion : « ce n'est pas du libre accord des individus qu'il faut attendre l'arrivée au but, mais seulement de l'organisation progressive des citoyens de la terre dans et vers l'espèce en tant que système dont le lien est cosmopolitique ».

---

211 *Ibid.* p. 103.

212 KANT (1798[a]) p. 170.

Le dessein de la nature est donc de réaliser dans un premier temps un État républicain et, sur la base de cet État, une république universelle où règne le droit cosmopolitique. Pour atteindre ce but, elle utilise donc le mécanisme de la nature et la loi de l'opposition réelle. Ses moyens sont la révolution et la guerre. Nous dissocions ainsi la nature du mécanisme naturel. La première agit en fonction d'un plan caché qui échappe à la conscience humaine ; le second est en soi un processus aveugle, il est un instrument au service de la nature. Or, comme nous l'avons vu à l'issue de notre seconde partie, l'idée de la Providence se tient derrière le terme de nature. Ainsi, ce ne sont pas les hommes tentant, par leurs « bons desseins », de justifier le droit à la révolution qui sont en cause. Si cela était, ils mériteraient les railleries de Kant. Il s'agit bien du dessein de la nature. Il n'y a donc pas de contradiction à ce que Kant condamne d'un côté les révolutionnaires et de l'autre accorde implicitement le droit de révolution, dans la mesure où le droit en question n'est pas un droit des hommes, mais bien un droit de la Providence à la révolution. Cette opposition dans la pensée de Kant n'est donc pas une contradiction entre deux propositions, dans laquelle il faudrait admettre comme vraie l'une et exclure l'autre : il y a ou il n'y a pas de droit de révolution, seule la seconde est valide et elle l'est en fonction de deux types de légalité, en fonction de la légalité naturelle de la raison dans l'histoire, une légalité déterminante pour une réponse univoque à la question du droit de révolution et en fonction de la légalité juridique. Si la notion de droit de révolution a pu se présenter comme une notion qui a du sens, c'est eu égard à la légalité de la nature conçue par Kant comme providentielle, à tel point que nous en sommes venus à déduire de l'analyse de Kant un « droit de la Providence à la révolution ». C'est lui qui hante le discours de l'auteur et suscite de sa part des ambiguïtés. Elles sont apparues notamment dans la troisième et la quatrième partie de notre recherche. C'est pourquoi, il convient de s'y arrêter un moment, pour mieux comprendre comment une légalité providentielle et avec elle un droit de révolution sont possibles.

IV - LE DROIT PROVIDENTIEL DE RÉVOLUTION

IV - 1 Questions de méthode

Pour bien saisir le sens d'un tel droit, il est indispensable de faire retour à la légalité de la nature. La légalité de la nature est définie dans la *Critique de la faculté de juger*, « l'unité que la raison exige dans la liaison des lois particulières de la nature[213] ». Jusque-là, nous avons traité essentiellement un seul grand type de légalité, la légalité de la nature qui prenait pour objet l'homme à l'état de nature et préparait le passage de la nature à la culture. Nous avons montré que la notion de droit de révolution et pas même celle de révolution n'avaient pas de sens à l'état de nature. À présent, il s'agit de reposer le problème du droit de révolution eu égard à la légalité de la nature, dans ce qu'elle a de contingent. Or la légalité du contingent se nomme finalité. Il ne sera ici question ni de la finalité interne ou fin naturelle (*Naturzweck*) dans les êtres organisés tels un simple brin d'herbe dont la structure biologique interne nous inciterait à penser à une origine dotée d'un but quelconque ; ni de la finalité externe selon laquelle nous serions amenés à établir des rapports déterminés entre les êtres vivants, comme par exemple des rapports d'utilité entre le brin d'herbe et des mammifères herbivores, en vue d'une fin de la nature (*Zweck der Natur*). La finalité qui nous intéresse relève d'un principe subjectif et régulateur qui va nous permettre de saisir l'orientation de l'histoire humaine.

Dans la *Critique de la faculté de juger*, deux méthodes d'explication de la nature sont conciliées : la méthode d'explication physique ou mécanique et la méthode de compréhension téléologique ou technique. La première se réfère à la faculté de juger déterminante, la seconde à la

[213] KANT (1790ᵃ) p. 218.

faculté de juger réfléchissante. L'explication de l'histoire de la nature par la loi de l'opposition réelle, explication à laquelle nous avons eu recours dans notre première partie, à la suite de l'analyse kantienne, correspond partiellement à la méthode mécanique (ou mécaniste). On peut voir, par ailleurs, dans l'évolution de l'espèce humaine la réalisation d'un plan caché de la nature comme l'indique la huitième proposition de l'*Idée d'une histoire universelle au point de vue cosmopolitique*[214]. On utilise alors un principe téléologique, c'est-à-dire qu'on ne prétend pas expliquer le développement effectif de la nature mais seulement dégager le sens (signification et direction) de l'histoire. La téléologie interprète la causalité de la nature d'après des fins. Elle constitue un principe herméneutique de la raison.

La faculté de juger réfléchissante, à l'opposé de la faculté de juger déterminante, nous permet de penser de manière non dogmatique l'idée de finalité. Faire un usage critique du principe de finalité consiste à l'utiliser subjectivement, non objectivement. L'idée de finalité du monde est alors une idée possible, non réelle. C'est une idée régulatrice (un concept régulateur, dit Kant), ou critique.

L'union des deux modes d'explication physique et téléologique est-elle contradictoire ? Non puisque ces deux modes opèrent non pas dans le même champ empirique, mais sur deux plans différents, le plan quasi empirique pour le premier et le plan transcendantal pour le second. Le premier plan est quasi empirique parce qu'il utilise le principe de causalité mécanique, comme en physique ou dans les sciences expérimentales, mais en fait, l'explication en histoire qui opère davantage par des raisons plutôt que par des causes s'effectue en fonction d'une idée rationnelle qui lui sert de fil conducteur. Cependant, le concept de cause que nous ne voulons évacuer ni du

---

[214] KANT (1784[a1]) p.73.

domaine de l'histoire ni des phénomènes mécaniques auxquels il s'applique, enferme depuis la *Critique de la raison pure* deux autres concepts, celui « d'une liaison nécessaire avec un effet et celui de la stricte universalité de la règle, si bien que ce concept de cause serait entièrement perdu, si on devait le dériver, comme le fait Hume, d'une association fréquente de ce qui arrive avec ce qui précède et d'une habitude qui en résulte[215] ». En d'autres termes, ces critères de nécessité et d'universalité qu'enferme le concept de cause sont ceux mêmes d'une connaissance pure *a priori*. Plus encore, c'est l'expérience même de la causalité, que cette expérience s'effectue dans les phénomènes empiriques des sciences expérimentales ou humaines, qui est rendue possible par cette connaissance pure *a priori* du concept de cause. Enfin, dans le domaine de l'histoire proprement dit qui nous intéresse ici et qui est à différencier de celui des sciences expérimentales, il appartient plus aux tenants de ces dernières d'expliquer et davantage aux historiens de comprendre les événements historiques, sans vouloir toutefois dissocier ces deux notions, expliquer et comprendre, qui font pour nous partie d'une même démarche, la découverte des vérités en sciences[216] et que les scientifiques utilisent tour à tour, parfois simultanément, aussi bien les « expérimentalistes » que les historiens tournés plutôt vers l'herméneutique.

Quant à (l'explication)-compréhension téléologique (ou technique) de l'histoire, elle implique le jugement réfléchissant non déterminant. Ce jugement ne peut donc être catégorique, selon la relation, mais seulement hypothétique ; ni assertorique et encore moins apodictique, selon la modalité, mais seulement problématique. En conclusion, il ne saurait y avoir aucune contradiction et pas

[215] KANT (1787) p. 34.

[216] Cf. LLINARES (1999) : *Vers la constitution d'une science historique eidétique* p. 26 et suiv.

même une antinomie (cf. § 70 et 71 de la *Critique de la faculté de juger*) entre l'explication mécaniste de l'histoire, différente de l'explication causale des phénomènes expérimentaux et l'explication-compréhension téléologique, même si l'historien privilégie la seconde et se préoccupe de remettre à jour et de mettre au jour le sens de l'histoire. Pas de contradiction en histoire entre, d'une part, des jugements qui ne sauraient être en réalité déterminants et constitutifs de leur objet, tout en recourant à une causalité mécanique et, de l'autre, des jugements réfléchissants qui recourent à la mise au jour d'un sens, car les premiers rencontrent dans leur explication des limites que peuvent franchir les seconds, tout en se formulant, les uns comme les autres, sur le mode du « comme si » et jamais « c'est ainsi », afin d'éviter tout dogmatisme en histoire et de laisser le champ libre à une critique possible des faits et événements dont on ne fait que proposer une interprétation.

Pas d'antinomie non plus entre ces deux types de causalité en histoire, la causalité mécanique et la causalité finale, selon les deux types d'antinomies possibles, présentées dans la *Critique de la raison pure*[217] puis dans les *Prolégomènes à toute métaphysique qui voudra se présenter comme science*[218], antinomie mathématique dans laquelle les deux propositions opposées sont fausses toutes les deux, du fait qu'elles s'appuient sur un même concept contradictoire : par exemple, lorsque la première proposition affirme que le monde a un commencement (une limite) et que la seconde affirme qu'il est infini. Le concept de monde ne pouvant faire l'objet d'aucune expérience possible en laquelle on devrait pouvoir subsumer une intuition sous un concept, l'antinomie s'effondre sur elle-même. Le concept de causalité en revanche ne comporte

---

217 KANT (1781), p. 23, 182, 397, 452, sqq.
218 KANT (1783), p. 121, sqq.

aucune contradiction. Il n'appartient donc pas à une antinomie mathématique. Entre-t-il dans une antinomie dynamique pour laquelle une solution est possible si l'on place chacune des deux propositions sur des plans différents, dans une troisième proposition qui les réconcilie ? Sont dynamiques dans les deux ouvrages précités les antinomies sur la liberté pour l'une et sur la nécessité et la contingence pour l'autre. Pour ce qui est du couple causalité mécanique et causalité finale, ils opèrent tous deux dans le même champ de l'histoire qui n'est pas expérimental mais humain, constitués par des documents écrits ou muets à partir desquels l'historien reconstitue les séries événementielles, les situe dans le temps, les explique par la causalité (concept lui-même *a priori*), et tente de les comprendre en leur donnant un sens (aux deux sens du terme). Les causalités mécanique et finale ne participent donc pas non plus d'une antinomie dynamique. Elles sont plutôt complémentaires comme le montre l'auteur au paragraphe 78 de la *Critique de la faculté de juger.* Puisque sont conciliables le principe du mécanisme universel de la matière avec le principe téléologique dans la technique de la nature, à plus forte raison le sont le principe de la causalité mécanique et le principe téléologique, tous deux dans le domaine de l'histoire. De plus l'union de ces deux principes éviterait, selon l'auteur, de sombrer dans la « divagation fantasmatique » si l'on se risquait à privilégier le principe de causalité et à écarter le second principe. Et ne conserver que le principe téléologique au détriment du principe de la causalité nous conduirait à « l'exaltation[219] ». Pour illustrer le premier type de réductionnisme, Kant prendra l'exemple, au paragraphe 89 (p. 460), de la psychologie rationnelle qui faisant fi de la téléologie (et de l'argument moral) pourrait déboucher sur la pneumatologie ou encore sur le

[219] KANT (1790[b]) : *Dialectique de la faculté de juger téléologique*, p. 407.

matérialisme. On peut dire que le second type de réductionnisme serait illustré par les dérives de la théologie, à savoir, la théosophie, la démonologie, la théurgie, l'idolâtrie (§ 89, p. 459).

Ni contradictoires, ni antinomiques, mais plutôt compatibles et complémentaires, en particulier dans le domaine historique, les principes de la causalité mécanique et de la téléologie trouvent le fondement de leur union, explique l'auteur au paragraphe 78, dans le suprasensible. « Le principe qui doit rendre possible la compatibilité de ces deux fondements dans l'appréciation de la nature qui s'accomplit d'après eux ne peut être posé que dans ce qui réside hors d'eux (par conséquent aussi en dehors de la représentation empirique possible de la nature), mais qui contient pourtant leur fondement, c'est-à-dire dans le suprasensible[220]. » Ce principe est donc transcendant. Il nous permet de poser une cause intentionnelle de la nature dont nous ne pouvons rien décider quant à la possibilité des choses naturelles, étant donné la limitation de notre entendement. Le concept de cette cause suprême, bien que nous ne puissions le déterminer parce que nous ne pouvons avoir non plus une connaissance théorique de l'effet à venir, c'est-à-dire du but final, ne peut être que celui d'« un entendement supérieur »[221]. Méthodologiquement, c'est en subordonnant le principe de la causalité mécanique à celui de la téléologie (technique), pour notre faculté de juger réfléchissante que nous parvenons à l'issue du paragraphe 78 à l'idée de Dieu, une idée qui sera formulée explicitement dans l'appendice suivant, intitulé non sans raison « Méthodologie de la faculté de juger téléologique ».

Le concept de la Divinité que la téléologie physique ne parvient pas à déterminer peut être exposé par la téléologie morale. En effet, la bonne volonté donne à l'existence

---

[220] *Ibid.* § 78, p. 408.
[221] *Ibid.*, p. 410-411.

humaine une valeur absolue par rapport à laquelle l'existence du monde peut avoir un but final. Ainsi, le but final de la création, c'est l'homme en tant qu'être moral. De là, nous pouvons remonter au principe causal originaire de l'être et déterminer cet être comme « omniscient », « tout-puissant », « absolument bon et juste » donc « sage », doué de tous les autres attributs transcendantaux, tels « l'éternité, l'omniprésence[222] », etc.

La téléologie morale fonde donc une théologie. Dieu est la cause morale suprême du monde en tant que bien suprême. Tout-puissant, Dieu s'emploie à rendre la nature tout entière conforme à cette fin suprême. Ainsi, le dessein de la nature dont parle la huitième proposition de l'*Idée d'une histoire universelle au point de vue cosmopolitique*[223] s'identifie au dessein de Dieu ou encore de la Providence. On peut dire avec Eric Weil que la philosophie de l'histoire selon Kant est un « providentialisme »[224]. Si par conséquent l'histoire obéit à un plan caché élaboré par Dieu, les guerres et les révolutions font nécessairement partie de ce plan. De ce fait, est-ce qu'elles ne prétendent pas à la légitimité ? N'y aurait-il pas, non à l'état de nature puisqu'il s'est avéré que cette question n'avait pas de sens, mais dans un état de culture bien élaboré, un droit de révolution fondé sur la volonté divine, indépendamment de la volonté des hommes et donc du droit positif ? Ne serions-nous pas autorisés à parler d'un droit divin de révolution ? Pour le savoir, interrogeons la Providence et le dessein de la nature. Puis demandons quelles sont les moyens utilisés par la Providence pour réaliser son dessein : la guerre et la révolution sont-elles des moyens légitimes ? Enfin, la position de Kant vis-à-vis de la marche

[222] *Ibid.* : Appendice, *Méthodologie de la faculté de juger téléologique,* § 86 *: De la théologie morale*, p. 443.
[223] KANT (1784[a1]), p. 83.
[224] WEIL (1962).

de l'histoire et en particulier à propos de la révolution française nous éclairera en même temps sur son idée (implicite peut-être) de la Providence relative aux moyens qu'elle se donne pour réaliser son projet.

IV - 2 Le dessein de la nature

Les huitième et neuvième propositions de l'*Idée d'une Histoire Universelle au point de vue cosmopolitique*[225] évoquent le dessein ou le plan caché de la nature. Le but de ce plan, selon la huitième proposition, serait de réaliser « une Constitution politique parfaite sur le plan intérieur et, en fonction de ce but à atteindre, également parfaite sur le plan extérieur ».

C'est, la Providence (divine) qui prédétermine la fin de la nature et réalise le plan caché en question. Insistons toutefois sur le fait que Dieu n'intervient pas effectivement dans le cours de l'histoire et des affaires humaines. Expliquer les causes physico-mécaniques des phénomènes naturels par un principe suprême qui nous est par définition incompréhensible, ce serait prétendre à « une connaissance théorétique du suprasensible[226] » et une telle prétention « serait par conséquent absurde[227] ». C'est seulement du point de vue moralement pratique que « l'idée d'un concours divin est tout à fait convenable et même nécessaire[228] ». Cela dit, il faut distinguer trois aspects principaux de la Providence : l'aspect créateur, l'aspect régulateur et l'aspect directeur.

La Providence est créatrice en tant qu'elle est placée au commencement du monde ; elle est régulatrice en tant

---

[225] KANT (1784[a1]), p. 83, 86.
[226] KANT (1795) p. 115.
[227] *Ibid.*
[228] *Ibid.* p. 113.

qu'elle maintient la nature d'après des lois générales de finalité ; elle est directrice du moment qu'elle conduit à des fins particulières que l'homme ne peut prévoir et qu'il ne peut que conjurer d'après le résultat[229].

L'idée de la Providence est donc une idée moralement nécessaire qui fait l'objet d'une croyance rationnelle. Du fait de la nécessité (morale) et de la précision de cette idée sous ses trois aspects, nous ne pouvons manquer de la mettre en relation avec les processus naturels physico-mécaniques et de déceler parmi ceux-ci des moyens utilisés par la Providence pour réaliser ses fins. Ainsi, une herméneutique de l'histoire et non seulement l'interprétation de l'orientation de l'histoire, mais aussi des événements historiques serait rendue possible par l'idée morale de la Providence.

IV - 3 Les moyens de la nature

IV - 3 - 1 La guerre

En dépit - ou en raison - des fâcheuses conséquences que la guerre entraîne dans les camps ennemis, en dépit des malheurs de tous ordres, des pertes humaines, destructions, dettes croissantes qui s'abattent sur les belligérants et des répercussions qu'elle produit dans les autres États, la guerre présente un aspect positif : elle prépare « l'avènement d'un grand organisme politique futur dont le monde passé ne saurait fournir aucun exemple ». Bien que cet organisme politique pour le moment ne soit qu'une ébauche très grossière, un sentiment se fait déjà pour ainsi dire jour chez tous les membres : la conservation de la collectivité leur importe. Ce qui donne l'espoir qu'après

[229] *Ibid.* p. 113.

maintes révolutions et maints changements, finalement, ce qui est le devoir suprême de la nature, un État cosmopolitique universel parviendra un jour à s'établir, « foyer où se développeront toutes les dispositions primitives de l'espèce humaine[230] ».

Kant a entrevu le processus mécanique selon lequel la guerre en vient à se nier elle-même au profit de l'établissement de la paix. Dans l'essai *Vers la paix perpétuelle*, il met l'accent sur l'instance financière, c'est-à-dire le « système de crédit », véritable « machination » qui entraîne un endettement progressif des puissances en lice vers « la banqueroute finale inévitable[231] ». En outre, l'exploitation commerciale à laquelle ces États belliqueux soumettent les peuples étrangers tels que ceux de l'Amérique, d'Afrique, du Cap, des îles à épices, etc. exploitation qui s'accompagne de « l'esclavage le plus cruel et le plus raffiné[232] » est en passe d'échouer : « toutes ces sociétés commerciales sont sur le point d'être ruinées[233] ».

Kant n'écrivait pas cela au hasard. Il connaissait déjà le commerce triangulaire (Europe, Afrique, Amérique) autrement dit la « traite négrière » depuis le XVIe siècle. En 1760, il savait que la France, par la capitulation de Montréal, avait dû abandonner le Canada à l'Angleterre et en 1761, par la capitulation de Pondichéry, avait cédé l'Inde à sa même rivale. L'Angleterre elle-même, en 1783, dut reconnaître l'indépendance de ses colonies d'Amérique du Nord.

La nature a donc voulu que les hommes vivent en vue de la paix universelle, souvent en les obligeant d'aller contre leur propre penchant et « sans que cette contrainte supposât en même temps l'idée d'un devoir qui les obli-

---

[230] KANT (1784[a1]) p. 75.
[231] KANT (1795) p. 81.
[232] *Ibid.* p. 111.
[233] *Ibid.* p. 111.

geât en vertu d'une loi morale ». « Pour atteindre ce but, elle a choisi [au contraire] la guerre[234]. »

IV - 3 - 2 Les langues et les religions

Les langues et les religions, par leur diversité apportent leur contribution à la guerre en développant les haines et les passions. Mais les guerres contenant en elles-mêmes leur négation, entraînent en même temps que leur résolution, la coexistence pacifique des cultures et des idéologies. D'où les langues et les religions concourent en s'opposant les unes aux autres, aux progrès de la civilisation et à l'établissement d'un État de paix cosmopolitique universel[235].

IV - 3 - 3 La révolution

La nature utilise donc les langues et les religions comme des instruments de la guerre et la guerre lui sert de médiation pour atteindre la paix. Utilise-t-elle de la même façon des révolutions ?

« La sagesse politique, écrit Kant dans son essai *Vers la paix perpétuelle*, se fera (...) un devoir, dans l'état [d'anarchie possible], de promouvoir des réformes adaptées à l'idéal du droit public ; elle ne se servira point cependant des révolutions qu'amène la nature des choses comme d'un prétexte à une oppression plus grande encore ; elle en profitera, au contraire, comme d'un avertissement de la nature pour établir, par des réformes radicales, une Constitution légale fondée sur des principes de liberté, la seule qui soit durable[236]. »

---

[234] *Ibid.* p. 119.
[235] KANT (1795) p. 127.
[236] *Ibid.* p. 139.

Il faut souligner dans ce passage ce que dit en passant l'auteur : d'abord, la nature des choses amène des révolutions. Ensuite, la nature use des révolutions comme d'un avertissement donné aux politiciens.

Lorsqu'on sait que l'idée de Providence se cache sous le terme de nature, ces deux réflexions peuvent être interprétées dans le sens que l'on devine : la Providence se sert des révolutions comme pour menacer les politiciens de leur renversement possible et leur conseiller de mettre sur pied des réformes radicales et une constitution légale avant que la révolution illégale ne décide à leur place et sans eux un profond changement du régime.

La nature a donc recours aux révolutions comme aux guerres pour progresser vers la paix. Ces moyens mis en œuvre pour atteindre la paix perpétuelle semblent légitimés par la Providence qui les emploie. Écoutons encore ces propos de Kant qui paraissent expliquer et comprendre l'avènement de la révolution sans toutefois la justifier : « Même si une révolution, provoquée par une mauvaise Constitution, avait arraché par des moyens violents et illégaux une Constitution meilleure, il ne serait plus permis de ramener le peuple à l'ancienne, quoique l'on eût le droit de punir la rébellion de tous ceux qui auraient participé à cette révolution par violence ou par ruse[237] ». Nous pouvons dégager deux idées de ce passage : selon le droit positif ou public, la rébellion est punissable ; c'est ce que nous a appris l'examen de la légalité naturelle (de la raison dans l'histoire). Mais selon la légalité de la nature et selon le droit de la nature, *Recht der Natur*, ou selon le droit privé, dans son degré le plus bas, la révolution est permise.

Enfin, l'étude de la légalité juridique a mis en valeur cette ambiguïté de la réponse de Kant. Il semble qu'avec le droit de la Providence, non seulement cette ambiguïté

[237] *Ibid.*

ne s'identifie pas à une contradiction, mais qu'elle soit levée. Et elle l'est pour autant que soit prise en considération la conception critique de l'histoire selon Kant dont nous avons fait état précédemment (IV - 1). Rappelons simplement ici le principe de cette conception. Dire ainsi que le monde poursuit une fin, ce n'est pas affirmer que cette fin lui est inhérente, c'est seulement utiliser ce concept subjectivement, au moyen de la faculté de juger réfléchissante. Dans la mesure où nous considérons la nature ou l'histoire comme déploiement d'un *telos* divin, conformément au principe de la faculté de juger non déterminante, mais réfléchissante, non seulement une telle finalité du monde est une idée possible[238], mais elle vient renforcer l'idée d'un droit providentiel de révolution.

IV - 3 - 4 Le droit providentiel de révolution

Dire, en utilisant d'autres termes, que le droit de révolution est accordé par Kant dans la praxis, comme nous l'avons mentionné plus haut, c'est affirmer qu'un tel droit n'a de sens que pour Dieu. Dieu a un droit de révolution en ce sens qu'il utilise le mécanisme de la nature, ainsi que les révolutionnaires, malgré eux, sans qu'ils se rendent comptent qu'ils accomplissent ce plan caché, pour parvenir à ses fins. Il est donc prétentieux pour un révolutionnaire de réclamer un tel droit de révolution quand seule la Providence bénéficie de ce droit. Cette prétention consiste donc à se prendre inconsciemment pour Dieu lui-même. Comme nous l'avons souligné précédemment, (III - 4), Kant ne condamne pas à proprement parler les révolutionnaires qui font même l'objet d'une certaine compré-

---

[238] Nous utilisons une méthodologie comparable, inspirée partiellement de celle-ci, que nous adaptons à une problématique spécifique présentée par LLINARES (1999).

hension d'ordre psychologique, puisqu'il explique le régicide comme un acte possible « d'autoconservation » motivé par la crainte du peuple, du vivant du monarque, de sa reprise en mains de la situation et d'une punition collective. Ce que condamne l'auteur, c'est bien le droit (humain) de révolution et il ne le condamne pas seulement pour des raisons morales, mais en fonction d'une philosophie de l'histoire conçue comme providentielle. Lorsque le peuple s'arroge le droit de révolution, c'est comme s'il usurpait ce droit qui ne revient qu'à Dieu. Voilà ce qui expliquerait que cette subversion qui aboutit à l'exécution du roi soit considérée par lui comme « un crime qui reste éternel et ne peut jamais être effacé » et surtout « ressemble à ce que les théologiens appellent un péché qui ne peut jamais trouver de rémission, ni dans ce monde, ni dans l'autre » (§ 49).

Est-ce à dire que les hommes sont les purs jouets d'un déterminisme absolu ? Évidemment non, puisque c'est en tant qu'êtres de raison que les hommes doivent et donc peuvent agir en retour sur l'histoire et s'unir selon des lois universelles de liberté, d'abord dans un État républicain, puis au sein d'une société cosmopolitique. Mais à l'époque des Lumières, les hommes ne sont qu'en chemin sur la voie de leur libération. Autrement dit, leur liberté encore toute relative n'aura de chances de s'épanouir qu'à l'étape de l'édification d'une Société des Nations.

Au XVIIIe siècle, s'il existe des gens en avance sur leur temps et donc un peu plus libres que les autres, ce sont bien les philosophes qui en se donnant pour tâche de réfléchir sur l'histoire conçue comme providentielle, participent au dessein de la nature d'une manière consciente. C'est semble-t-il ce que nous devons comprendre en lisant la 9ème proposition de l'*Idée d'une Histoire* : « Une tentative philosophique pour traiter l'histoire universelle en fonction du plan de la nature, qui vise à une unification politique totale de l'espèce humaine, doit être envisagée comme possible et même comme avantageuse pour ce dessein de la nature[239]. »

Comme le suggère l'expression « doit être envisagée comme possible », Kant ne pense pas avoir réalisé cette tentative philosophique. Il propose seulement une tâche à accomplir. En outre, on ne pourra comprendre véritablement le terme d'« avantageuse » (ou « favorable[240] », selon les traductions) que lorsque nous saurons quelle fonction il attribue au philosophe dans la cité et dans l'histoire. C'est ce sur quoi nous nous proposons de conclure. Mais auparavant, nous vérifierons par les textes la vérité selon laquelle Kant, loin de condamner les révolutionnaires, regarde avec une sympathie mesurée la révolution française en tant qu'« événement » venu prendre sa place dans le « progrès » de l'espèce humaine et qu'on « n'oublie plus ».

IV - 3- 5 Kant et la révolution française

On peut penser à juste raison que la position de Kant vis-à-vis de la révolution française, pas plus que son optimisme historique ou que sa conception du rôle du philosophe dans l'histoire, comme nous allons le voir, ne sauraient constituer en eux-mêmes une preuve selon laquelle Kant défendrait le droit de révolution. Pourtant, nous aurons recours à ces trois arguments pas seulement à titre d'illustration du résultat de notre enquête, à savoir que le droit de révolution n'a de sens qu'envisagé dans son rapport à l'histoire de la nature conçue comme providentielle ; mais encore il nous faudra montrer que ces arguments doivent être avancés comme preuves.

---

239 KANT (1784^{a1}), p. 86.

240 Cf. traduction de Jean-Michel Muglioni dans KANT (1784^{a2}), p. 25.

Dans *Le conflit de Facultés*[241], l' « événement » du siècle qui prouve une tendance morale de l'humanité n'est d'abord pas la révolution française elle-même, mais « la manière de penser » des spectateurs allemands vis-à-vis de cette révolution. Kant voit dans la sympathie manifeste de ses compatriotes pour les révolutionnaires français un « caractère moral de l'humanité[242] ». Pourquoi ? Parce que ce sentiment n'a rien d'égoïste puisqu'il s'exprime en dépit de la répression (sous de multiples formes) qui pourrait s'abattre sur le peuple prussien et parce que ce dernier ne cherche pas à tirer profit de la révolution dans un pays malgré tout éloigné du lieu de bouleversement. Au contraire, la manifestation publique de ce sentiment témoigne par son désintéressement de son universalité et pour tout dire d'une disposition morale du genre humain.

Le principe qui commande cette sympathie collective a un double aspect. Il repose d'abord sur « le droit qu'a un peuple de ne pas être empêché par d'autres puissances de se donner une constitution politique à son gré ». Et l'on sait que sous le règne de Frédéric Guillaume II, l'armée prussienne commandée par le duc de Brunswick tenta de marcher sur Paris, pour délivrer Louis XVI. La victoire française à Valmy, le 20 septembre 1792 eut un succès retentissant pas seulement en France. Goethe qui accompagnait l'armée prussienne assista à cet événement. Il écri-

---

[241] KANT (1798[c]), p. 211.

[242] Ce sentiment moral éprouvé par les contemporains prussiens de Kant, « l'âme remplie des idées des droits de l'homme » cf. KANT (1796-1797) § 49, est une chose. Le sentiment moral éprouvé par le même peuple lors de l'exécution de Louis XVI, le 21 janvier 1793 n'est pas autre chose. Il s'agit du même sentiment moral qui n'a rien de psychologique (pathologique, dans la terminologie kantienne). Cela signifie simplement que la sympathie du peuple prussien pour la révolution française, sans s'identifier du tout à une *Schwärmerei* (délire, d'après Alain Renaut), ne concerne qu'une phase de la révolution, notamment celle des droits de l'homme des années 1789, non la Terreur de 1793.

ra à la suite de cette victoire inattendue : « De ce lieu et de ce jour date une nouvelle époque dans l'histoire du monde. » Ce retournement militaire fut d'autant plus important que l'« enthousiasme révolutionnaire » qui le produisit se poursuivit les jours suivants avec l'abolition de la monarchie et l'instauration de la première République.

L'autre aspect de ce principe moral est précisément la fin visée par la révolution, la constitution républicaine conforme au droit et moralement bonne.

Ce principe moral sous ces deux aspects explique que « chez les révolutionnaires, le pur concept du droit [ait éveillé] zèle et grandeur d'âme[243] ». Ici, Kant est obligé de reconnaître que l'enthousiasme (au sens d'un quasi sentiment moral, non d'un délire) n'étant pas seulement éprouvé par les spectateurs mais par les acteurs de la révolution, ces derniers sont déterminés par le même principe moral. Il semble donc que pour Kant, du moins d'après ce passage, la révolution française ait répondu à des motifs moraux. Rectifions. À proprement parler, ce n'est pas la révolution en tant que telle qui obéit à des motifs moraux puisque « la guerre intérieure et extérieure [ruine] (...) toute constitution statutaire[244] » et bafoue donc le contrat originaire fondé sur l'impératif catégorique ; c'est plutôt la révolution en tant que « phénomène » (...) de <u>l'évolution</u> d'une constitution de <u>droit naturel</u> (...) [tendant] à une constitution qui ne peut être belliqueuse, la constitution républicaine[245] ». Sous ces termes apparaît assez clairement la justification de la révolution comme moyen en vue de la réalisation de la république. La révolution est donc un phénomène légitimé par la place qu'il occupe dans le processus d'évolution de l'espèce humaine, c'est-à-dire dans l'histoire pensée comme providentielle. Cette con-

---

[243] KANT (1798^c) p. 224.
[244] *Ibid.* p. 104.
[245] *Ibid.* p. 104. C'est l'auteur qui souligne.

ception philosophique de l'histoire de l'humanité fonde un optimisme spécifiquement kantien comme nous allons le voir tout de suite. Cet optimisme est donc en quelque sorte un optimisme historique parce qu'il repose sur une représentation progressiste de l'histoire.

IV - 4 Une conception progressiste de l'histoire

On peut dire que la philosophie kantienne de l'histoire est une philosophie progressiste dans la mesure où elle considère le devenir de l'humanité comme un progrès du mal vers le bien. Comme l'auteur du *Conflit des Facultés* le déclare lui-même, l'histoire ainsi conçue est « prophétique »[246]. Que faut-il entendre par là ? Simplement qu'on peut « prédire au genre humain (...) d'après les aspects et les signes précurseurs de l'époque (comment ne pas penser ici à la révolution française ?) qu'il atteindra [sa] fin ». Nous savons que celle-ci est la constitution républicaine et, ajoute-t-il, « dès lors sa marche en avant vers le mieux ne connaîtra plus de régression totale[247] ». Cela ne veut pas dire qu'on peut prédire aux hommes ce qu'ils feront exactement puisque ce sont des êtres qui agissent librement. Et chacun sait de combien d'événements imprévisibles et de quelle teneur l'histoire est capable ! La prédiction ou la prophétie porte plutôt sur le sens général de l'histoire. Par exemple, Kant lui-même ne peut se prononcer avec certitude vers la fin de l'année 1797, date de la parution du *Conflit des Facultés*, sur l'échec ou le triomphe futur de la révolution française. Mais il affirme apodictiquement la réalisation à venir, d'abord de l'État républicain, ensuite d'une constitution cosmopoli-

---

[246] *Ibid.* p. 104.
[247] *Ibid.* p. 104.

tique. « Même si la révolution, écrit-il, ou la réforme de la constitution d'un peuple échouait finalement, ou bien si après une durée de quelque temps, tout retombait dans la primitive ornière (comme maintenant certains politiques l'annoncent), cette prédiction philosophique néanmoins ne perd rien de sa force. » Cette « prédiction » porte donc sur ces deux choses, l'État républicain et la constitution cosmopolitique. Effectivement, le 21 septembre 1792, la Convention abolit la monarchie et proclama le lendemain l'an I de la République française. Désormais, la voie de la République était ouverte et malgré les revers de l'histoire, réaction thermidorienne de 1795, Directoire (1795-1799), surtout coup d'État du 19 brumaire An VIII qui mit fin à la Révolution, puis le Consulat, l'Empire de Napoléon Bonaparte, la Restauration sous Louis XVIII, et l'on pourrait continuer ainsi jusqu'au Gouvernement de Vichy, la République est toujours en place au XXIe siècle. Au plan européen, les différentes révolutions et mouvements révolutionnaires qui se sont produits au XVIIIe siècle ont conduit eux aussi à l'instauration de républiques ou de monarchies constitutionnelles. Quant à la constitution cosmopolitique, l'histoire semble là encore donner raison à Kant puisque, au lendemain de la première guerre mondiale, sous l'impulsion du président américain Woodrow Wilson le 14ème point de son discours conduisit les vainqueurs de l'Allemagne et de ses alliés à l'édification de la Société des Nations, le 10 janvier 1920, après ratification du Traité de Versailles, le 28 juin 1919, par l'Allemagne et trois de ses principaux associés. Enfin cette Société des Nations imaginée par Kant disparut en 1946 au profit, comme nous l'apprend l'histoire, de l'Organisation des Nations Unies, dotée d'une organisation plus large et mieux structurée, disposant de moyens permettant une meilleure sécurité des États membres et une meilleure protection de la paix entre les nations.

Pour revenir à la Révolution française, en particulier, l'auteur du *Conflit des Facultés* déclare encore : « car cet événement est très grand, trop lié aux intérêts de l'humanité, et d'une influence trop étendue dans le monde et toutes ses parties, pour ne pas devoir être rappelé aux peuples à l'occasion de circonstances favorables et évoqué pour la reprise de nouveaux essais de ce genre». En termes contemporains, l'auteur nous convie à un « devoir de mémoire » au sujet de la révolution française, lorsque les « circonstances » le permettront, lorsque la paix sera revenue entre la France révolutionnaire d'une part, les États monarchiques hostiles à la révolution comme la Prusse, l'Autriche, l'Angleterre de l'autre. Et Kant de conclure : « car enfin, dans une affaire aussi importante pour l'humanité, un jour, la constitution à laquelle on pense atteindra nécessairement cette solidité que les enseignements d'expériences multiples ne sauraient manquer de réaliser dans l'esprit de tous[248] ».

Ce passage est si important et si riche d'idées qu'il vaut qu'on le cite en entier. Il montre en effet, comme nous l'avons mentionné, qu'une histoire progressiste est prophétique quant au sens général du devenir de l'humanité et quant à sa fin ultime. Cette histoire prophétique est possible pour deux raisons, pour une raison morale d'abord, comme nous l'avons observé. Cette raison fonde une seconde raison, à savoir l'influence de la révolution sur les États. Cette influence et cette extension sont « nécessaires » historiquement parce que « nécessaires » moralement. Il faut en effet rapprocher les termes « devoir » et « nécessairement » du passage cité pour s'en apercevoir. Comment ne pas voir à travers ces lignes une défense du droit de révolution ? Résumons-nous.

La révolution française est un phénomène de l'évolution de l'humanité. L'histoire de l'humanité est

---

[248] *Ibid.* p. 104.

conçue, par le biais des catégories et de la méthode téléologique, comme la réalisation providentielle d'un plan caché de la nature. D'autre part, la révolution française suscite le sentiment moral de tout un peuple. Ce sentiment est moral parce qu'il n'a pas pour origine la sensibilité empirique ou des inclinations égoïstes de l'individu mais la loi morale qui commande le respect pour ce qui est prometteur de justice et liberté, la réalisation d'une constitution républicaine fondée sur un droit cosmopolitique. Comme on le voit, ce sentiment moral est d'un type particulier. Comme le sentiment moral d'un sujet face à la loi morale, il a un double effet sur l'individu : il combat l'amour-propre et en ce sens humilie l'individu qui rechercherait son intérêt personnel ; il éveille l'intérêt général au-dessus de toutes les particularités et suscite à la fois crainte et est éprouvé comme une contrainte. Plus positivement, il entraîne la volonté à un dépassement de soi-même, il exalte la conscience et c'est pourquoi le terme d'enthousiasme est parfois mal interprété lorsque certains le définissent comme un délire de l'âme. Cet enthousiasme est élévation de soi et provoque même l'idée de sacrifice de soi pour une noble cause, d'où le courage qui en résulte pour contribuer au dessein de la nature dont on n'a peut-être pas une idée précise, mais vers lequel on tend. Ce sentiment moral d'un type particulier, il faut bien l'appeler sentiment révolutionnaire. Or, dans le processus révolutionnaire, les hommes ne font que ressentir collectivement pourrait-on dire ce sentiment moral, sans pouvoir en reconnaître encore de manière claire et distincte l'origine. C'est donc un devoir pour les hommes les plus éclairés (en l'occurrence les philosophes) d'aider à la compréhension de la dimension morale de la révolution. À quel moment de la révolution ? Non au moment où elle éclate mais avant ou après, car c'est seulement la nécessité de la Providence qui fonde ce droit et le devoir de le faire valoir, et personne ne peut se substituer à elle et parler en son nom. De plus, il est impossible de prévoir le moment où la Providence provoquera la révolution, donc il est impossible de proclamer le droit de révolution universellement valable en tout lieu et en tout temps. C'est même se rendre coupable de crime de lèse-Providence en quelque sorte que de le proclamer, d'autant plus que certains mouvements populaires peuvent prendre l'allure de révolutions alors qu'ils sont occasionnés par des idéologies fanatiques. D'ailleurs la même révolution peut également inspirer un sentiment moral à certains moments de son processus et à d'autres un sentiment à l'opposé de la moralité que l'on confond avec le premier. D'où le rôle éminent des philosophes de penser la révolution, le devoir d'en comprendre le sens et de faire partager cette compréhension par les citoyens, afin de permettre une action conjuguée et libre (autonome) sur l'histoire, afin d'en poursuivre le mouvement vers la fin suprême, l'idée de la Société des Nations. Agir sur l'histoire, cela implique donc qu'on agisse aussi sur la révolution, dans le sens de la révolution que défend un droit et même un devoir. Le droit de révolution est d'abord un droit divin. Mais ensuite, l'homme éclairé, en se rendant conscient, par la réflexion philosophique sur l'histoire, la nature de ce droit, l' humanise en quelque sorte, c'est-à-dire qu'il en fait un droit pour l'espèce humaine, non un droit absolu, mais un droit relatif. Jusqu'à l'avènement de la société cosmopolitique, l'histoire nécessitera des révolutions et donc un droit de révolution pour l'espèce humaine. Cependant, lorsque d'abord l'État républicain sera en place, puis une fédération d'États, ce droit n'aura plus de raison d'être et ce serait même un crime de vouloir y recourir de manière « permanente », alors que le cours de l'histoire ne nous autoriserait plus à continuer la révolution.

Vérifions cette idée en étudiant dans un dernier temps le rôle du philosophe par rapport à la politique et l'histoire.

IV - 5 Le philosophe, la politique et l'histoire

Le but du philosophe, selon Kant, est « de rendre possible la paix publique »[249], en prononçant des maximes sur les conditions de la paix. Il ne s'agit donc pas pour lui d'intervenir directement dans les affaires de l'État pour se livrer à quelque propagande politique, encore moins de prétendre au pouvoir, tout comme on ne peut d'ailleurs espérer que les représentants de l'État deviennent philosophes. Que les rois deviennent philosophes ou que les philosophes deviennent rois, on ne peut guère s'y attendre et l'on ne doit pas non plus le souhaiter, parce que « la possession du pouvoir corrompt inévitablement le libre jugement de la raison ». « Mais que les rois ou les peuples-rois (qui se gouvernent eux-mêmes d'après les lois de l'égalité) ne souffrent pas que la classe des philosophes disparaisse ou soit réduite au silence et qu'ils la laissent au contraire parler publiquement, c'est ce qui leur est indispensable pour s'éclairer sur leurs affaires ; car cette classe, de par sa nature, est incapable de former des rassemblements et des clubs et échappe par conséquent au soupçon de propagande[250]. » Le philosophe est donc un conseiller[251] du gouvernement. Il éclaire le politique mais ne peut lui-même devenir un politique, pour la raison indiquée précédemment. Autant dire que les politiciens au

[249] KANT (1795) p. 129.
[250] *Ibid.* p. 129, 2ème *supplément : Article secret en vue de la paix perpétuelle.*
[251] KANT (1798c) p. 37.

pouvoir sont tous des hommes corrompus dans leur jugement depuis l'existence des gouvernements, jusqu'au XVIIIe siècle au moins. Parce qu'après, on peut espérer qu'en fonction précisément du progrès de l'humanité auquel contribuent les philosophes-conseillers, les « puissants useront moins de violence et [qu'il] y aura plus de docilité à l'égard des lois[252] ». En attendant, il faut compter avec « ces politiciens habiles »[253] qui abordent le droit civil et le droit des gens, quand ils l'abordent, dans un esprit de chicane et non suivant les prescriptions de la raison. Aussi, ces politiciens sont-ils souvent des « sophistes » qui ont recours à des arguments fallacieux pour imposer leur puissance[254].

Il s'agit donc pour le philosophe de « forcer les faux représentants des puissances de la terre à avouer qu'ils ne plaident pas en faveur du droit, mais de la force dont ils prennent le ton comme si elle leur donnait le droit de commander. Il sera bon de dissiper l'illusion par laquelle ils s'abusent eux-mêmes et abusent les autres, de découvrir le principe suprême duquel découle le dessein de la paix perpétuelle ». On retrouve ici l'idée du dessein de la nature providentielle vers la paix perpétuelle que les politiciens n'aperçoivent pas ou ne cherchent pas à apercevoir parce qu'ils ont des préoccupations pragmatiques qui les orientent vers des buts matérialistes et peut-être utiles dans l'immédiat mais dont les conséquences à moyen ou long terme sont souvent désastreuses. C'est ici que Kant fait intervenir sa fameuse distinction entre le moraliste politique et le politique moral. Le premier ne retient de la morale que le discours pour l'exhiber publiquement tout en pratiquant une politique à l'opposé de la morale. En

[252] *Ibid.* p. 109.
[253] KANT (1795) p. 141.
[254] *Ibid.* : *Fac et excusa* (p. 141-143) ; *Si fecisti, nega* (p. 143) ; *Divide et impera* (p. 144-145).

d'autres termes, pour lui, la morale est bonne en théorie, mais dans la pratique politique, elle ne peut être d'aucun secours. Le politique moral ne scinde pas la théorie et la pratique. Il mène une politique en fonction de sa théorie guidée par des principes moraux. Pour Kant, « tout le mal [qui met obstacle à la paix perpétuelle] » vient de ce que « en subordonnant les principes au but (c'est-à-dire en mettant la charrue avant les bœufs), [le moraliste politique] ruine son propre dessein qui est de mettre la politique en accord avec la morale[255] ».

L'on voit que le philosophe est plus qu'un conseiller auprès des puissants, il est un révélateur. Il contribue à l'autocritique de ces derniers qui doivent briser le masque de l'hypocrisie derrière lequel ils se cachent et ne suivre qu'un seul principe suprême, celui « duquel découle le dessein de la paix perpétuelle ». Or, en quoi consiste l'application de ce principe ? Précisons tout d'abord que ce principe, comme toutes les maximes des philosophes doit pour Kant être pris en considération « par les États armés pour la guerre[256] ». Et il faut penser non seulement à la guerre extérieure mais aussi à la guerre intérieure, c'est-à-dire la révolution. Quelles mesures un politicien conseillé par un philosophe doit-il donc employer au moment de la révolution, de telle sorte que ces mesures soient conformes au dessein de la nature ? Cette question, Kant la laisse sans réponse explicite. Nous pouvons toutefois la dégager des textes où elle réside cachée.

Une chose est certaine, c'est que le philosophe ne peut se faire le conseiller de la répression parce qu'alors il fait obstacle au dessein de la nature. Au contraire, il doit défendre ce dessein et avec lui le droit de révolution. Mais il perd son rôle de conseiller puisqu'il ne peut tout de même pas suggérer au gouvernement en place de démissionner.

---

[255] KANT (1798c) p. 147.
[256] KANT (1795) p. 129.

À moins que les puissants soient assez sages pour se démettre de leurs fonctions, ce qui est contraire à l'hypothèse des politiciens inévitablement corrompus dans leur jugement. Par conséquent, le rôle des philosophes auprès des chefs d'État cesse au moment de la révolution. Est-ce que, en tant que serviteur de la Providence, le philosophe doit pour autant s'adresser au peuple pour l'éclairer dans sa marche en avant ? Non plus, car ce serait contradictoire : le philosophe ne peut être à la fois le conseiller de l'État et celui de la révolution dont l'objet est de briser la machine de l'État. Ensuite les écrits des philosophes ne sont pas propres, par ailleurs, à s'adresser à un large public car tel ouvrage philosophique reste « un livre inintelligible et fermé qui ne représente qu'un débat entre savants de Facultés, débat dont le peuple ne se soucie pas[257] ».

En quel sens le philosophe demeure-t-il conseiller de l'État, de telle manière que ses conseils servent en même temps le progrès de l'histoire et avec lui la révolution ? C'est précisément avant et après la révolution que son rôle se conçoit[258]. Il doit contribuer à ce que tout soit mis en œuvre par l'État, « formation de la jeunesse sous la direction familiale », éducation, « culture intellectuelle et morale, renforcée par l'enseignement religieux ». Mais toutes ces réformes, y compris la « réforme de l'État lui-même » ne peuvent être réalisées que d'après un « plan réfléchi de la puissance souveraine[259] ».

En résumé, le rôle du philosophe par rapport à l'histoire et la politique est double : relativement à son but qui est de présenter l'entrée dans la république comme un devoir, il conseille aux membres du gouvernement des réformes dans l'État, voire une réforme de l'État. En outre, il rend

---

[257] KANT (1798[c]) p. 7.
[258] Cf. *supra*, V - 4.
[259] KANT (1798[c]) p. 110-111.

publique sa philosophie de l'histoire, quoiqu'elle s'adresse en priorité, à l'Université, à des savants et des politiciens. Cette philosophie fait une place au droit (humain) de révolution fondé sur un droit divin de révolution. Le philosophe dans l'histoire a donc pour Kant un rôle de conseiller-réformateur doublé d'un rôle de philosophe de l'histoire envisagée comme providentielle, ce qui ne fait pas du tout d'elle une théologie mais une téléologie. Celle-ci implique le droit de révolution. Si bien que, agitant d'une main les réformes et de l'autre le droit de révolution, le philosophe représente un stimulateur pour le chef de l'État et les pouvoirs en place. Mais l'État est moins confronté au dilemme suivant, employer des réformes dans le sens de l'histoire ou voir cet État menacé par la révolution, qu'invité à réfléchir sur la destinée de l'espèce humaine et à pratiquer une politique morale. La philosophie ainsi comprise ne peut qu' « éclairer », au sens fort du terme, les gouvernants et les convaincre de réaliser par des moyens pacifiques une constitution républicaine susceptible d'être améliorée aussi souvent que nécessaire. Ajoutons que Kant ne se fait aucune illusion en 1798 sur le rôle du philosophe auprès des politiciens et sur la sagesse des hommes d'État. Il distingue en effet la « sagesse d'en haut (qui a nom Providence[260]) » de la sagesse des hommes. La première est positive, pleine et entière ; elle fonde notre espoir dans le progrès de l'humanité. La seconde est une sagesse par défaut, elle oblige à la patience et le sachant, nous ne pouvons nous décourager devant la tâche qui attend l'humanité pour atteindre la fin suprême de la nature. La philosophie kantienne de l'histoire est donc à la fois réaliste et radicalement optimiste. Cet optimisme mesuré repose sur une conception progressiste de l'histoire.

---

[260] *Ibid.* p. 111.

Nous arrivons à l'issue de notre enquête à un point où il nous est possible de définir avec plus de concision et d'exactitude cette philosophie de l'histoire, à la lumière de laquelle peut être comprise la notion de droit de révolution.

CONCLUSION

« Une tentative philosophique pour traiter l'histoire universelle en fonction du plan de la nature[261] », aurait pour nom une anthropologie. L'anthropologie étudie la loi de l'opposition réelle. Elle se divise en quatre branches : l'anthropologie naturelle, l'anthropologie culturelle, l'anthropologie sociale et l'anthropologie pragmatique. La première s'occupe de l'opposition réelle dans la nature humaine individuelle (l'insociable sociabilité) ; la seconde a pour objet l'opposition réelle au niveau de l'espèce, entre la nature et la culture ; l'anthropologie sociale s'intéresse à l'opposition réelle entre la loi morale et la loi du souverain, au niveau de la cité ; enfin l'anthropologie pragmatique étudie l'opposition réelle entre un État et plusieurs États.

Les deux premières branches de l'anthropologie se rattachent à la légalité de la nature. Elles nous font comprendre que l'histoire de l'humanité à l'état de nature, puis de l'état de nature à l'état civil obéit à une loi mécanique. Cette loi explique l'apparition du droit privé à l'état de nature ainsi que le rassemblement unitaire des individus en une société qui ne constitue pas encore un État. Par conséquent, une révolution n'a pas de sens à ce stade de l'évolution de l'humanité. En plus, la loi mécanique explique que la force « fonde » le contrat social et le droit.

À l'état de nature, le problème des guerres entre individus trouve sa solution au niveau de l'espèce, par le biais d'une téléologie qui, loin de contredire l'explication mécanique de la nature, lui donne un sens. La téléologie entre dans le cadre d'une anthropologie culturelle. Le droit de révolution revêt alors un sens que lui donne le jugement réfléchissant. C'est pourquoi l'anthropologie naturelle et l'anthropologie culturelle à laquelle elle aboutit reflètent bien l'état de nature, elles sont hypothétiques et leurs jugements restent problématiques.

---

[261] KANT (1784[a1]), p. 86.

L'anthropologie culturelle pose spécifiquement à son tour le problème central de l'état civil sur lequel débouche l'état de nature, celui da la garantie du contrat social, ou encore le problème de la conciliation de la nature et de la raison, du contrat historique et du contrat originaire. Si la téléologie lui permet de résoudre cette question, la solution reste problématique. L'anthropologie sociale va la lui refuser.

L'anthropologie sociale est susceptible d'apporter une réponse univoque, quoique partielle, à la question du droit de révolution, catégorique, selon la catégorie de la relation, apodictique, selon la catégorie de la modalité. L'anthropologie sociale répond en effet au plan théorique seulement à ce problème en expliquant à partir de la légalité naturelle le fondement rationnel du contrat social. En conséquence, un droit de révolution devient une contradiction. Mais le problème rebondit avec l'apparition d'un nouveau conflit entre le sujet moral et le citoyen, entre l'idée du souverain et tel souverain, entre l'État-substance et l'État-totalité, bref entre la théorie et la pratique.

L'anthropologie pragmatique va tenter de résoudre cette opposition réelle qui se traduit par une contradiction : selon la légalité de la nature, le droit de révolution est fondé ; selon la légalité naturelle (de la raison dans l'histoire), le droit de révolution est répudié. L'anthropologie pragmatique, en situant la question au niveau de la légalité juridique ou du droit cosmopolitique, dans sa relation à l'histoire conçue téléologiquement comme providentielle répond que le droit de révolution est fondé (il s'agit d'un droit divin à la révolution), que ce droit peut être assumé par la philosophie.

En effet, il suffit que le philosophe en prenne conscience au moyen d'une philosophie de l'histoire, en l'occurrence une anthropologie au sens où nous l'entendons, pour l'humaniser.

Le droit divin à la révolution devient alors un droit pour l'espèce humaine. Mais en s'humanisant, il se relativise : il ne peut prétendre à l'universalité. Le philosophe ne peut le faire valoir au moment de l'éclatement de la révolution, mais seulement avant ou après, car ce serait vouloir se substituer au dessein divin, ce serait donc un crime de lèse-Providence. Enfin, petit à petit, le droit de révolution ainsi compris est appelé à disparaître avec l'avènement d'abord d'un État républicain, de plusieurs États, ensuite d'un état cosmopolitique où triomphera le droit politique des gens garantissant la paix universelle.

INDEX DES NOTIONS

BIBLIOGRAPHIE

1) Éditions critiques de Kant (les références bibliographiques des notes sont indiquées de la façon suivante : Kant (1759) renvoie à *Quelques considérations sur l'optimisme* dans l'édition signalée dans la bibliographie) ; si plusieurs ouvrages ont paru une même année, ils seront distingués par les exposants [a, b, c…]).

KANT Emmanuel (1759), *Quelques considérations sur l'optimisme* dans *Kant, Pensées successives sur la Théodicée et la Religion*, introduction et traduction de FESTUGIERE Paul, Paris, Vrin, 1947, 3ème édition.

KANT Emmanuel (1763), *Essai pour introduire en philosophie le concept de grandeur négative*, traduction, introduction et notes de KEMPF Roger, préface de CANGUILHEM Georges, Paris, Vrin, 1949.

KANT Emmanuel (1781), *Critique de la raison pure*, traduction et notes de TREMESAYGUES André et PACAUD Bernard, Paris, Alcan,1905.

KANT Emmanuel (1783) *Prolégomènes à toute métaphysique future qui voudra se présenter comme science*, traduction de GIBELIN Jean, Paris, Vrin, 1967.

KANT Emmanuel (1783-1784), *Leçons sur la théorie philosophique de la religion*, traduction de FINK William, présentation et lecture commentée de FINK William et NICOLAS Gérard, Paris, Hachette, Le livre de poche, 1993.

KANT Emmanuel (1784[a1]), *Idée d'une histoire universelle au point de vue cosmopolitique*, dans *La philosophie de l'Histoire* (Opuscules), introduction et traduction de PIOBETTA Stéphane, avertissement de NABERT Jean, Paris, Aubier, 1947.

KANT Emmanuel (1784[a2]), *Idée d'une histoire universelle au point de vue cosmopolitique*, introduction, traduction et notes de MUGLIONI Jean-Michel, Paris, Bordas, 1988.

KANT Emmanuel (1784[b]), *Réponse à la question : « Qu'est-ce que les Lumières ? »* dans *Classiques Hachette, Histoire et progrès, par Jean-Christophe Goddard*, 1997.

KANT Emmanuel (1785[a]), *Fondements de la Métaphysique des mœurs*, traduction, introduction et notes de DELBOS Victor, Delagrave, 1957.

KANT Emmanuel (1785[b)], *Compte rendu de l'ouvrage de Herder : Idées en vue d'une philosophie de l'histoire de* l'humanité dans *La philosophie de l'Histoire* (Opuscules).

KANT Emmanuel (1786[a]), *Conjectures sur les débuts de l'histoire de l'humanité*, dans *La philosophie de l'Histoire* (Opuscules).

KANT Emmanuel (1786[b]), *Premiers principes métaphysiques de la science de la nature*, traduction et préface de GIBELIN Jean, Paris, Vrin, 1952.

KANT Emmanuel (1787) *Seconde édition de la Critique de la raison pure*, traduction et notes de TREMESAYGUES André et PACAUD Bernard, Paris, Alcan, 1905.

KANT Emmanuel (1788), *Critique de la raison pratique*, traduction de PICAVET François, introduction de ALQUIE Ferdinand, Paris, PUF, 5ème édition, 1966.

KANT Emmanuel (1790a) *Critique de la faculté de juger*, introduction et traduction de PHILONENKO Alexis, Paris, Vrin, 1993.

KANT Emmanuel (1790b) *Critique de la faculté de juger*, introduction et traduction de RENAUT Alain, Paris, GF, 1995.

KANT Emmanuel (1791), *Sur l'insuccès de tous les essais philosophiques de Théodicée*, dans *Pensées successives sur la Théodicée et la Religion*, introduction et traduction de FESTUGIERE Paul, Paris, Vrin, 3ème édition, 1947.

KANT Emmanuel (1793[a]), *La Religion dans les limites de la simple raison*, traduction et avant-propos de GIBELIN Jean, Paris, Vrin, 4ème édition, 1968.

KANT Emmanuel (1793[b]), *Sur l'expression courante : il se peut que ce soit juste en théorie, mais en pratique cela ne vaut rien*, traduction et notes de GUILLERMIT Louis, Paris, Vrin, 2ème édition,1967.

KANT Emmanuel (1794), *La fin de toutes choses*, dans *Pensées successives sur la Théodicée et la Religion.*

KANT Emmanuel (1795), *Vers la paix perpétuelle*, traduction précédée d'une introduction historique et critique de DARBELLAY Jean, Paris, PUF,1958.

KANT Emmanuel (1796-1797), *Métaphysique des Mœurs II. Doctrine du Droit,* traduction, présentation, bibliographie et chronologie de RENAUT Alain, Paris, GF, 1994.

KANT Emmanuel (1797[a]). *Métaphysique des Mœurs II. Doctrine de la vertu*, traduction, présentation, bibliographie et chronologie de RENAUT Alain, Paris, GF, 1994.

KANT Emmanuel (1797[b]), *Sur un prétendu droit de mentir par humanité*, traduction et notes de GUILLERMIT Louis Paris, Vrin, 1967.

KANT Emmanuel (1798[a]), *Anthropologie du point de vue pragmatique*, traduction de FOUCAULT Michel, Paris, Vrin, 1964.

KANT Emmanuel (1798[b]), *Le conflit des Facultés en trois sections*, traduction avec introduction et notes de GIBELIN Jean, Paris, Vrin, 2ème édition, 1955.

KANT Emmanuel (1798c), *Le conflit des Facultés,* dans KANT, Opuscules sur l'histoire. GF. Flammarion1990.

Traduction de Stéphane Piobetta. Introduction, notes, bibliographie et chronologie par Philippe RAYNAUD.

KANT Emmanuel (1796-1803), *Opus postumum*, dans *Années 1796-1803. Kant, Opus postumum. Philosophie, Science, Éthique et Théologie*, Actes du 4e Congrès international de la Société d'études kantiennes de langue française, Lausanne, 21-23 octobre 1999, sous la direction de SCHÜSSLER Ingeborg, ERISMANN Christophe éd., Paris, Vrin, 2001.

2) Autres ouvrages (les références bibliographiques des notes sont indiquées par le nom de l'auteur ou du premier des auteurs, s'il s'agit d'un ouvrage collectif, suivi de la date de parution entre parenthèses).

BRUCH Jean-Louis (1969) *Kant, Lettres sur la Morale et la Religion,* introduction, traduction, commentaires Paris, Aubier.

DUVERGER Maurice (1968), *Constitutions et Documents politiques,* Paris, PUF, 5ème édition.

GUILLEMIN Henri (1973) éd., *Rousseau* : *Du contrat Social, Discours sur les sciences et les arts, Discours sur l'origine de l'inégalité parmi les hommes*, Paris, 10/18.

ISAAC Jules, ALBA André, MICHAUD Jean, POUTHAS Charles-Hippolyte (1960), *De la Révolution de 1789 à la Révolution de 1848*, Paris, Hachette, 1960.

KIRCHMANN Julius Hermann (1873), *Kant, Fragmente aus dem Nachlasse, in Vermischte Schriften und Briefwechsel,* Heimann (Koschny),Berlin.

LIVERANI Mario (2008) *La Bible et l'invention de l'histoire,* traduit de l'italien par Viviane Dutaut, préface de Jean-Louis Ska, Paris, Gallimard, 2008.

LLINARES Roland (1999) *Le sens de l'Histoire*, Lille, Presses Universitaires du Septentrion.

LLINARES Roland (2014) *Phantasia. Essai psychosophique souriant pour introduire à une poésie de la phantasia,* Les Éditions du Net.

LLINARES Roland (2015) *Du Droit de guerre au Droit d'ingérence. De la Conquista à l'époque contemporaine,* Les Éditions du Net.

LOSURDO Domenico (1998), *Autocensure et compromis dans la pensée politique de Kant*, Lille, Presses Universitaires du Septentrion.

MALET Albert, ISAAC Jules (1923), *XVIIe-XVIIIe siècles*, Paris, Hachette.

PHILONENKO Alexis (1968), *Théorie et praxis dans la pensée morale et politique de Kant et de Fichte en 1793*, Paris, Vrin.

PHILONENKO Alexis (1969), *L'œuvre de Kant*. T. 1. *La philosophie critique, la philosophie précritique et la Critique de la raison pure*, Paris, Vrin.

REHBERG August Wilhelm (1793), *Recherches sur le Révolution française.* Vrin, 1998. Préface de Alain Renaut. Traduction, annotations et introduction de Lukas K. SOSOE.

RUYSSEN Théodore (1929), *Kant*, Paris, Alcan, 3ème édition revue et corrigée.

SOBOUL Albert (1962), *Histoire de la Révolution française*, tome 1 : de la Bastille à la Gironde ; tome 2 : de la Montagne à Brumaire, Paris, Gallimard.

TUDESQ André-Jean, RUDEL Jean (1961), *1789-1848*, Paris, Bordas, 1961.

VLACHOS Georges (1962), *La pensée politique de Kant. Métaphysique de l'Ordre et dialectique du Progrès*, Paris, PUF.

WEIL Eric, RUYSSEN Théodore, VILLEY Michel, HASSNER Pierre, BOBBIO Norberto, BECK Lewis White, FRIEDRICH Carl Joachim, POLIN Raymond (1962), *La philosophie politique de Kant,* Paris, PUF.

TABLE DES MATIÈRES

PHILOSOPHIE
AUX ÉDITIONS L'HARMATTAN

Dernières parutions

DE L'UNIVERS ÉTERNEL À L'ÉTERNITÉ DE L'HOMME

Jean-Jack Micalef

Cet ouvrage retrace l'odyssée de l'univers et celle du devenir de l'Esprit incarné dans l'homme. L'auteur postule un univers éternel n'ayant jamais fait l'objet d'une création. Il s'oppose à la cosmologie du Big Bang qui s'inscrirait dans la tradition religieuse d'une genèse du monde. Un univers éternel permet de penser l'essence éternelle de l'homme dont la naissance ne serait plus exceptionnelle dans le cosmos. En effet, le sens général de l'évolution aurait une seule finalité : accoucher de l'Esprit pour que l'univers se comprenne lui-même à travers l'esprit de l'homme.

(Coll. Ouverture Philosophique, 230 p., 24,5 euros)

ISBN : 978-2-343-16813-5, EAN EBOOK : 9782140115073

AUGUSTE COMTE

La religion de l'Humanité : l'échec d'une transmission

Florian Uzan

Auguste Comte fut un grand philosophe, concepteur de la sociologie, du positivisme et de la théorie des trois états. On oublie cependant qu'il fut aussi à l'origine d'une religion personnelle, un culte des morts destiné à relier et rallier l'humanité tout entière. Mais que reste-t-il de son oeuvre ? Si son influence quasi mondiale n'est plus à démontrer, comment expliquer l'échec de sa religion ?

(Coll. Ouverture Philosophique, 288 p., 29 euros)

ISBN : 978-2-343-16499-1, EAN EBOOK : 9782140114533

DÉCONSTRUIRE L'IMPOSTURE IDENTITAIRE

Humanisme et éthique de la déconstruction

Hamdou Rabby Sy

Ce livre invite à ne jamais céder à la tentation du repli identitaire avec tous ses dérivés sectaires. Comme opium de toutes les sociétés, le repli identitaire est un péril mondial. Cette tentation inspire toutes les formes de haine, d'exclusion, d'intolérance. D'où l'urgence de renouer avec ce qui constitue l'identité humaine dans l'expression de sa dignité : penser. Et cela à partir de la déconstruction, pour porter un message d'espoir et d'avenir pour une humanité vivante et solidaire. Oser déconstruire est le seul impératif devant les périls de l'identitaire. Déconstruire, c'est nourrir la conviction et l'engagement pour l'impossible, condition de l'horizon de tous les possibles.

(Coll. Ouverture Philosophique, 236 p., 24 euros)

ISBN : 978-2-343-16825-8, EAN EBOOK : 9782140114915

MÉLANGES PHILOSOPHIQUES VOLUME 3

Christophe Yahot

Ce volume III se veut un creuset et un lieu de ralliement de recherches transdisciplinaires sur les problématiques contemporaines. En témoignent les débats sur les enjeux de la monarchie, de l'adaptation des médias au numérique, l'esthétique alimentaire. La vigueur scientifique des auteurs tient pour beaucoup à leurs capacités d'ouvrir des perspectives innovantes dans cette conjoncture de crises de la modernité. Les uns nous conduisent aux sources de la spiritualité pour le devenir de l'humain ; les autres nous invitent à explorer les pistes de la « philosophie éco-citoyenne » pour un développement durable.

(Coll. Harmattan Côte-d'Ivoire, 214 p., 22 euros)

ISBN : 978-2-343-16798-5, EAN EBOOK : 9782140114700

BOÎTES NOIRES ET GILETS JAUNES

Regards croisés sur la socialité à l'ère de l'anthropocène

Sous la direction de Jean-François Petit, Vincent Puig, Vincent Laquais

La période actuelle de l'anthropocène se caractérise par un bouleversement des équilibres systémiques. Cette situation nouvelle analysée par l'IRI et Ars Industrialis fait apparaître des questions nouvelles qui concernent, notamment, les réseaux sociaux, l'architecture du web, la gouvernementalité algorithmique, la contribution comme question politique, technologique et économique. Ces analyses croisent celles élaborées pendant trois ans au sein du groupe PHILOPRAT concernant l'identité collective dans une société d'individus, le statut des émotions et des peurs, l'enjeu des normes, le posthumanisme et le transhumanisme, le Buen Vivir et la capacitation, les Biens communs et les Commons.

(Coll. Ouverture Philosophique, 258 p., 26 euros)

ISBN : 978-2-343-16932-3, EAN EBOOK : 9782140114526

DARYUSH ASHOURI

Un intellectuel hétérodoxe iranien

Mohsen Mottaghi, Reza Rokoee

Préface de Farhad Khosrokhavar

Daryush Ashouri fait partie des intellectuels laïques qui s'appuient sur une tradition philosophique occidentale, pour éclairer quelques aspects des problèmes de la société iranienne. Ce livre se propose de mettre à la disposition des lecteurs francophones la traduction de quelques-uns de ses textes représentatifs des problématiques qui ont mobilisé les milieux intellectuels en Iran durant les cinquante dernières années. En regardant la trajectoire intellectuelle de Daryush Ashouri, on constate qu'il fait partie des quelques rares intellectuels iraniens qui ne se sont pas laissé influencer par les deux orthodoxies de leur époque que sont le marxisme et la religion musulmane.

(Coll. L'Iran en transition, 254 p., 25 euros)

ISBN : 978-2-343-16665-0, EAN EBOOK : 9782140112232

CROYANCE ET SOUMISSION
De la critique de la religion à la critique sociale
Réflexions à partir de Spinoza et Freud
Marie-Pierre Frondziak
Nous nous croyions sortis de la soumission. Pourtant, nous devons constater un retour en force de toutes les formes d'acceptation à des injonctions extérieures. Contre l'idée de servitude volontaire, l'auteur se propose, partant de Spinoza et de Freud, de comprendre ce qu'est l'essence même de la soumission et comment elle produit des croyances, dont les plus puissantes sont religieuses. Le progrès du savoir devait détruire les superstitions et donc l'asservissement. On propose ici l'inverse : c'est parce qu'ils sont d'abord soumis à leurs propres affects que les hommes croient en des superstitions. Seule la connaissance de cette mécanique affective peut laisser espérer une libération.
(Coll. Ouverture Philosophique, 212 p., 21,5 euros)
ISBN : 978-2-343-16365-9, EAN EBOOK : 9782140112379

À QUOI SERT LA CULTURE ?
Gilles Lévêque
La culture classique qui, pendant des siècles a nourri et élevé les esprits, était fondée sur une conception de l'homme désormais morte, notamment d'avoir subi les assauts de la science et du capitalisme. Elle n'est pourtant pas sans avoir laissé une héritière, à savoir la culture dite exigeante, celle qui est aujourd'hui diffusée dans les structures culturelles, mais dont on ne voit plus quelle fonction on pourrait lui assigner. Cette culture exigeante ne serait-elle au fond rien d'autre qu'un divertissement raffiné pour personnes distinguées ? Se réduirait-elle à n'être que l'expression identitaire, sans vérité ni universalité, d'un groupe social parmi tant d'autres ? Sa prétention à nous éclairer sur le monde et sur la vie ne serait-elle qu'une illusion ? Faudrait-il lui préférer la culture de masse, qui pour sa part échappe à l'accusation d'élitisme ? Autant de questions auxquelles cet ouvrage entend répondre.
(Coll. Pour Comprendre, 276 p., 28,5 euros)
ISBN : 978-2-343-16894-4, EAN EBOOK : 9782140114243

LA BIOÉTHIQUE AU XXIE SIÈCLE
Sous la direction de Abraham Rudnick. Traduit de l'anglais par Kouider Nizar. Préface de Bertrand Saint-Sernin
Cet ouvrage traite de questions aussi diverses que la fin de vie, la procréation médicalement assistée, la recherche sur les cellules souches, les nanotechnologies et la bioéthique spéculative. Comment prendre des décisions dans un contexte particulier de fin de vie où le traitement de maintien de vie prolonge la souffrance ? Comment élaborer une éthique des nanotechnologies ? Tels sont quelques-uns des enjeux éthiquement complexes que ce livre examine.
(Coll. Ouverture Philosophique, 288 p., 30 euros)
ISBN : 978-2-343-16924-8, EAN EBOOK : 9782140114281

VIVRE SUR TERRE

Comment dépasser le nihilisme contemporain

Julien Lebrun

En ce début de 21e siècle, malgré les catastrophes écologiques annoncées, aucun changement majeur n'a été mis en place. Nous semblons incapables de prendre en compte ce que les scientifiques ne cessent de nous répéter. Cette inertie ne s'explique pas par l'absence de solutions. Cette passivité repose en réalité sur notre conception du monde. Depuis l'avènement de la science moderne, nous percevons notre environnement comme un support inerte, taillable et corvéable à merci. Notre modèle social repose ainsi sur le déni d'une réalité pourtant évidente : nous n'existons pas sans environnement. Reprendre conscience de ce que nous sommes - comme du monde dans lequel nous vivons - constitue donc l'enjeu majeur de ce siècle. Il est temps de réapprendre à vivre sur terre.

(Coll. Questions contemporaines, 230 p., 23,5 euros)

ISBN : 978-2-343-16111-2, EAN EBOOK : 9782140112584

EDITH STEIN

De l'idéologie à la foi

Enoch Tompte-Tom

Avec Edith Stein, nous entrons dans une dimension où la quête de la foi n'est pas exclusivement du domaine de la philosophie ni de la théologie. Pour mieux comprendre Edith Stein, il n'est pas possible de parler de la foi en philosophie et en théologie en dehors de certains préalables. Ces préalables sont vus sous les approches de philosophes et théologiens afin de souligner la similitude entre la philosophie et la théologie par rapport à la quête de la foi. Le chemin de la croix poursuivi par Edith Stein est un chemin peu ordinaire. Malgré sa sympathie pour la philosophie de Thomas d'Aquin, elle prend position en ce qui concerne la philosophie chrétienne qui doit être envisagée comme une solution à un problème ontologique et épistémologique : celui de la Vérité et de la Foi.

(Coll. Ouverture Philosophique, 210 p., 19,5 euros)

ISBN : 978-2-343-16693-3, EAN EBOOK : 9782140112669

LA SUBSISTANCE

Pour une philosophie de la résurrection

Clotaire Bambi-Kimpoudi

Les questions de l'être, de la vérité, de la liberté, de la méthode et de la mort, qui rebondissent sous des colorations nouvelles, ne nécessitent-elles pas leur reconstruction en leur donnant un sens qui aborde les défis et dilemmes de notre temps ? N'exigent-elles pas de forger, à partir des nouveaux concepts fédérateurs, un système explicatif sur le sens de l'existence, au lieu de s'attarder à commenter et à critiquer les anciens systèmes de pensée ? Ce livre essaie de forger un système explicatif, le « subsistantialisme », qui assigne à la philosophie d'être une philosophie de la résurrection.

(Coll. Harmattan Congo-Brazzaville, 268 p., 27 euros)

ISBN : 978-2-343-16637-7, EAN EBOOK : 9782140112256

Structures éditoriales du groupe L'Harmattan

L'Harmattan Italie
Via degli Artisti, 15
10124 Torino
harmattan.italia@gmail.com

L'Harmattan Hongrie
Kossuth l. u. 14-16.
1053 Budapest
harmattan@harmattan.hu

L'Harmattan Sénégal
10 VDN en face Mermoz
BP 45034 Dakar-Fann
senharmattan@gmail.com

L'Harmattan Cameroun
TSINGA/FECAFOOT
BP 11486 Yaoundé
inkoukam@gmail.com

L'Harmattan Burkina Faso
Achille Somé – tengnule@hotmail.fr

L'Harmattan Guinée
Almamya, rue KA 028 OKB Agency
BP 3470 Conakry
harmattanguinee@yahoo.fr

L'Harmattan RDC
185, avenue Nyangwe
Commune de Lingwala – Kinshasa
matangilamusadila@yahoo.fr

L'Harmattan Congo
67, boulevard Denis-Sassou-N'Guesso
BP 2874 Brazzaville
harmattan.congo@yahoo.fr

L'Harmattan Mali
Sirakoro-Meguetana V31
Bamako
syllaka@yahoo.fr

L'Harmattan Togo
Djidjole – Lomé
Maison Amela
face EPP BATOME
ddamela@aol.com

L'Harmattan Côte d'Ivoire
Résidence Karl – Cité des Arts
Abidjan-Cocody
03 BP 1588 Abidjan
espace_harmattan.ci@hotmail.fr

L'Harmattan Algérie
22, rue Moulay-Mohamed
31000 Oran
info2@harmattan-algerie.com

L'Harmattan Maroc
5, rue Ferrane-Kouicha, Talaâ-Elkbira
Chrableyine, Fès-Médine
30000 Fès
harmattan.maroc@gmail.com

Nos librairies en France

Librairie internationale
16, rue des Écoles – 75005 Paris
librairie.internationale@harmattan.fr
01 40 46 79 11
www.librairieharmattan.com

Lib. sciences humaines & histoire
21, rue des Écoles – 75005 Paris
librairie.sh@harmattan.fr
01 46 34 13 71
www.librairieharmattansh.com

Librairie l'Espace Harmattan
21 bis, rue des Écoles – 75005 Paris
librairie.espace@harmattan.fr
01 43 29 49 42

Lib. Méditerranée & Moyen-Orient
7, rue des Carmes – 75005 Paris
librairie.mediterranee@harmattan.fr
01 43 29 71 15

Librairie Le Lucernaire
53, rue Notre-Dame-des-Champs – 75006 Paris
librairie@lucernaire.fr
01 42 22 67 13